素顔の
ブルース・リー

——師匠、友、そして兄、ブルースと過ごした日々——

ダグ・パーマー

出版芸術社

ダグ・パーマー（白馬徳）著『素顔のブルース・リー』に寄せて

ブルース・リーはその死後五十年近くにわたり、数多くの本の題材となってきましたが、ブルースについて書かれた本の中で、ダグ・パーマーがここで明かしてくれたような個人的な体験を記した人はいませんでした。ダグとは、一九六三年に師匠ブルースのもとでグンフーのクラスに参加して以来の付き合いです。ダグと私は同じ高校に通い、そこで多文化教育に触れました。ブルースが亡くなってからも、ダグは真の友人です。

ダグは素晴らしい語り部であり、私の亡き夫に親しみをこめて、自身が見たままの肖像を描いています。ダグは、ブルースが初めてアメリカに来たごく初期の頃から彼を知っていて、ブルースが香港出身のやせっぽちの少年から、世界に認められる武術家、映画スター、哲学者へと最終的にどのように進化したかを明らかにし、ブルースと自分自身の冒険の物語をよく練られた文章で語っています。

ダグの話は、香港での私たちの生活から、映画製作に奔走した日々、そしてブルースが人生の目標を練っていた静かな思索の時間まで、多くの思い出を私に与えてくれました。ブルースは、知って、理解する価値のある驚異的な人間です。本書はダグの目を通して、ブルースの進化にありのままに光を当てています。世界中のブルース・リー愛好家にとって、本書は大変貴重な一冊です！

――リンダ・リー・キャドウェル／ブルース・リーの妻

この本を読むと、一九六三年に香港で過ごした夏の日々、亡き兄のブルースがシアトルから連れ帰った友人が、巨人のように私の上に立ちはだかりながらも、とても穏やかで、親切で、ユーモアのある人だったことが、懐かしく思い出される。私たちはすぐに意気投合し、親しい友人となった。この美しく編まれた作品は、偉大な伝説の人物に新たな風を吹き込んでくれるに違いない！

――ロバート・リー／ブルース・リーの弟

父についてのダグの個人的な話を聞けるのは本当に嬉しい。それがこの本が最も輝いているところだと思う。彼の思い出をみんなと分かち合い、ブルース・リーについてより個人的な洞察を与えてくれたダグに感謝している。

――シャノン・リー／ブルース・リーの娘

ダグ・パーマーの『素顔のブルース・リー』は、若き伝説の人物を生き生きと、心優しく、ユーモラスに回想している。ブルース・リーとの友情を通して、ブルースが卓越した格闘家であるだけでなく、両親に対して誠実な息子であり、いたずら好きの兄だったことまで、著者だけの特権である身近な視点で描いている。

この本は回顧録であり武術紀行でもある。パーマーは、リーが故郷とした、荒削りだが急速に発展する二つの都市に同行したというユニークな経験がある。一九六〇年代のシアトルの驚くほど多様な人種構成から、植民地時代の香港のショービジネスや暴力との身近な出合いなど、パーマーはリトル・ドラゴンが格闘技の最高峰に上り詰めるきっかけとなった、東洋と西洋の刺激的な文化を理解するための、スリリングな旅へと私たちを誘う。

——バオ・トラン
『ペーパー・タイガース』監督

ダグ・パーマーの『素顔のブルース・リー』は、ブルース・リーのアメリカでの初期の生活だけでなく、彼が大人になりつつあった香港での家庭生活を垣間見ることができるユニークで貴重な本である。パーマー氏のように、伝説的な人物の人生に対して、個人的な洞察を備えている人は世界でも数少ない。それは、この本がブルース・リーのファンにとって特別なものであることを物語っている。

――バオ・グエン
『ビー・ウォーター（水になれ）』監督

十六歳の時、ダグ・パーマーはブルース・リーという移民の青年と親しくなった。二人は深い絆で結ばれた。彼の素晴らしい回顧録は、彼が師匠、友人、兄と呼ぶようになった男への哀悼であり、世界を変えたアイコンの人生についての素晴らしい研究資料であり、そして何よりも、そこには心を打つストーリーが見事に語られている。

――ジェフ・チャン
『Can't Stop Won't Stop: A History of the Hip-Hop Generation』著者

香港で育ったブルース・リーは、規律を守らない学生で、ストリートファイトを繰り返す不良だった。武術家としては平均点より上だったが、一九五九年にシアトルに移り住み、五年の間に自分自身と武術を完全に変貌させた。しかし、この重要な時期はあまり知られていない。ダグ・パーマーの『素顔のブルース・リー』は、誠実な友であり、常に進化し続ける刺激的な教師であったブルース・リーを、六十年代初頭の無垢と変容の時代を背景に親密で個人的なエピソードを交えて生き生きと描き出している。若き日の武術家の肖像を描いたダグの本は、読んでいて啓発される。

――アン・リー

『ブロークバック・マウンテン』（アカデミー監督賞）、『グリーン・デスティニー』（アカデミー外国語映画賞）監督

シアトル出身のアメリカ人とブルース・リーの生涯の友情を描いた魅惑的な物語。知的で、よく書けていて、最初から最後まで夢中にさせる。武術、香港での生活、映画ビジネス、モハメド・アリについての魅力的な逸話に満ちている。

――ロバート・ホワイティング

『和をもって日本となす』、『菊とバット』著者

ブルース・リーの名声が定着する前に築かれた、異色の異文化間友情の内幕。パーマーはリーのもとで学んだだけでなく、一九六三年には香港で彼の家族と暮らし、思い出深い大学時代の夏休みを過ごした。彼は、リーがアウトサイダーから国際的スターになるまでの道のりを、個人的な思い出と武術における彼自身の優れた専門知識で豊かに語り、親密な証人となっている。

——ジャニス・P・ノムラ

『サムライの娘たち』著者

もくじ

シアトル仏教会前の通りで開かれた盆踊り、1960年頃
シアトル仏教寺院アーカイブ提供

1章　第一印象

一九六一年の夏、夕暮れ時に、シアトルの夏祭りの会場で、誰かに肩を叩かれた。私は立ち止まって振り向いた。アジア系の若い男性が一、二歩離れたところに立っていた。周りの群衆は、私たちを避けて通っていった。彼は少し背中をそらせ、上目遣いで、無表情の顔を私に向けた。「俺を探してるんだって？」

私はそれがブルース・リーだと気付いた。その前の週に彼のデモンストレーションを見てから、一度会ってみたいと思っていた。誰かに紹介してもらえるか聞いて回ったが、その晩まで連絡はなかった。

シアトルの日系人コミュニティが主催する盆踊りは、毎年夏、水上飛行機レースや航空ショーで賑わう週末の一大イベント「シーフェア」に先立って開かれる、エスニック・コミュニティのイベントの一つだった。仏教会前の通りは封鎖され、そこで盆踊りが披露された。大勢の観客が踊り子を取り囲み、拡声器からは民謡が鳴り響き、道路脇に設けられたブースでは、人々がかき氷や焼きそばを試食したり、ただその様子を眺めている者もいた。その日の夕方、友人から「ブルースに会う気はあるか？」と聞かれたので、「もちろん」と答えたが、祭りの雰囲気を楽しんだり、知り合いとしゃべっているうちに、そのことを忘れていた。

ブルースと対面して、私は最初、平静を装っていた。彼の態度は威嚇的でもなく、あからさまな武術派というわけでもなかったが、私が何をしようとしても、それにすぐ反応できる体勢だとわかった。後になってブルースに教えられてわかったことだが、それは脅威となりうる状況に直面したときの立ち方の一つだった。即座に防御や反撃ができる位置にいながら、敵対しているように見せないというものだった。攻撃的な意図がなくても、警戒心や自信、準備ができているように見せるのだ。この方法は、望ましい態度を確実に示し、望ましくない対決を防ぐことができる。

私がブルースを探しているからには、おそらく彼に何らかの挑戦をするのだろうと、ブルースは受け取ったようだ。彼の口調からそう感じた。今にして思えば、ブルースのいた世界では、挑戦は人生の一部だった。私が何者なのか、何を望んでいるのか知らなかったので、おそらく彼はその可能性を考えたのだろう。

私は手を差し出し、自己紹介した。しかしその際、私はあえて彼に近付かなかった。むしろ、前かがみになり、ぎこちなく握手をした。チャイナタウンで最近、彼のデモンストレーションを見たことと、グンフーの練習をやってみたいことを伝えた。

ブルースは少し考えてから無愛想に肩をすくめ、いつ練習しているか教えてくれた。そして「そのうち立ち寄ってみたらいい」と言った。そして「興味があるなら。またな」と言い残した。彼は人混みの中に消えていった。どこで練習しているのか、どうやって行けばいいのか、私にはまったくわからなかった。しかし、私は有頂天だった。いずれにせよ、練習場所はわかるにちがいないと思った。

＝＝＝＝＝

当時、私はブルース・リーについてほとんど何も知らなかった。知っていたのは彼の名前だけで、その前の週にシアトルの祭りの最中、チャイナタウンで見た中国武術のデモンストレーションの第一

Program

PART ONE

EXHIBITION

TOMMY SAUBER vs. DOUG PALMER

EDDIE HUBBARD vs. GILL HAYNE

TOM SELL vs. PAUL MAFFEO

FRANK LARA vs. CLARK STUMP

JERRY CARR vs. PETE QUAEMPTS

FRANK RING vs. NED FLOHR

JACK MONREAN wrestles THE UNMASKED KNIGHT

GARY WILSON vs. STAN STRICHERZ

Chinese Boxing—Judo Demonstration

BRUCE LEE vs. MASAFUSA KIMURA

ED CHOW, *Commentator*

INTERMISSION

PRESENTATION OF UGLY MAN PLAQUE

ALPHA PHI OMEGA'S

Second Annual

Fight Night

Masafusa Kimura
Bruce Lee.

FRIDAY

April 8, 1960

8:00 P.M.

Seattle University Gym

シアトル大学で開催されたスモーカーのプログラム、1960年4月8日
デイビッド・タッドマン提供

印象が残っているだけだった。

デモンストレーションは、封鎖された通りの一角に設けられたステージで、ブルースと三人の弟子たちによって行われた。彼はその武術をグンフー[1]と呼んでいた。

その当時、私は高校二年を終えたばかりだった。私は小学校五年生からボクシングをやっていて、『マディソン・スクエア・キンダーガーテン』というテレビ番組で試合をしたこともあった。ブルースのデモンストレーションを見たとき、私は、モンローにある州立少年院の受刑者とボクシング対戦するチームの一員として試合に出たばかりだった。柔道をやっている友人もいたし、空手の名前も聞いたことがあった。子供の頃、コミックの巻末に広告が載っている空手の紛《まが》い本を買ったこともあった。しかし、グンフーはまったく未知のものだった。当時は、グンフーが中国で長い歴史があることも、全米のチャイナタウンで中国人だけに教えられていることも知らなかった。

ブルースが黒いグンフーのユニフォームを着てステージに立ったとき、最初はそれほど印象的な人物には見えなかった。彼はどちらかというと細身で、高校のアメリカンフットボールのランニングバックよりも小さく、ボクシングのウェルター級にさえ見えなかった。デモンストレーションを手伝った三人の生徒たち（一人は黒人、一人は白人、三人目はアジア人）はみんなブルースより年上で、肉体的にももっと堂々としていた。しかし、ひとたびブルースが動くと、彼はステージを支配した。

彼が動くと、文字通り彼自身が爆発した。彼が相手の鼻を数ミリ単位で外したとき、手首を使った拳のパワーは手に取るようにわかった。ボクサーとしての私から見ても、彼の手の動きは高く評価できた。しかし、足技はまったく新しい次元だった。脛、膝、股間、その上部への蹴りに対する防御は、総合格闘方式のようだった。私は圧倒された。

デモンストレーションでは他にも二つの印象的な点があった。一つは、彼が披露したエキゾチックで優美な蟷螂拳《とうろうけん》（カマキリ拳法）で、今まで見たことのないものだった。二つ目は、黐手《チーサオ》（手を使った業）だった。相手との間合いを詰め、手首を接触させると、彼は目を閉じたまますべての打撃をそらし、反撃を開始した。そんなものを見たのは初めてだった。

ずっと後になってわかったことだが、私が初めて彼のデモンストレーションを見た一年以上前のある晩、私がボクシングをしたイベントで、ブルースもデモンストレーションをしていたのだ。だがそのとき、私は彼のデモを見逃した。その催しはシアトル大学の友愛会が大学の体育館で開いた「ファイトナイト」で、そこは当時ブルースが住んでいた場所のすぐ近くにあった。その晩開かれたようなボクシングの試合は、当時「スモーカー」（非公式で娯楽的な試合）と呼ばれていた。私は六試合のうちの第一試合に出場した。ブルースが亡くなってから数十年後に知り合いが見せてくれたプログラムによると、最初の六試合の後は「ジャック・モンレーン、アンマスク・ナイトと対戦」というイベントで、その後にブルースがマサフサ・キムラという柔道家と対戦する「中国ボクシングと柔道のデモンストレーション」が行われた。そして休憩があり、最後に「醜い男の盾」が贈られた（スモーカーとデモは一九六〇年四月八日に行われた。別掲のプログラム参照）。当時、私はまだ高校一年生で、やっと十五歳になったばかりで、車もまだ運転していなかったので、試合が終わるとすぐに急いで家に帰らなくてはならなかった。その結果、中国ボクシングと柔道を見逃した。そうでなければ、もっと早くブルースと付き合おうとしたかもしれない。ブルース（そして彼のショーマンシップの才能）

を知っているだけに、そしてプログラムには彼の大家であるピン・チョウと、ルビー・チョウの息子であるエド・チョウがコメンテーターとして名を連ねていることから、このデモンストレーションは、ブルースが「中国式ボクシング」を披露することで、二つの競技の違いを際立たせるため高度に演出されていたのではないかと思う。

いずれにせよ、私がブルースと再会するのはそれから一年以上後の一九六一年のことだった。チャイナタウン（現在はインターナショナル・ディストリクト、またはシアトル・チャイナタウン）のストリートフェアで彼の力強いグンフーのデモンストレーションを見て、私はまったく新しい世界の出現に心を奪われた。私はブルースに会う方法を見つけ、彼からこの未知の新しい格闘技を学ぼうと、心に誓った。彼に会う方法を見つけるのに時間はかからなかった。私が通っていた高校、ガーフィールドはシアトルのセントラル・エリアにあった。生徒層は黒人、白人、アジア人がそれぞれ三分の一ずつを占めていた。私には中国人の友人が何人もいた。ジャッキー・ケイという同級生の弟がブルースの訓練を受けていた。ジャッキーはルビー・チョウの娘の友人で、ブルースはジャッキーの家で彼女の母親の手料理を楽しんだり、彼女の父親と話をしたり、彼女の弟と一緒に絵を描いたりして多くの時間を過ごした。私はジャッキーに紹介を頼んだが、盆踊りまで何の音沙汰もなかった。

三

ブルース・リーは革命児だった。彼は武術界に革命を起こし、映画の中でも武術の描き方に革命を起こした。彼はアジア人男性に対する固定観念（軟弱で女性的）を覆し、武術の素晴らしさを大勢の観客に知らしめた。武術を鍛錬し、そして人生を探求する彼の姿勢は、他の分野の多くの人々にも影響を与えた。

彼は私の人生にも大きな影響を与えた。あのステージで初めてブルースを見たとき、私は十六歳だった。彼は私より四歳年上で、まだ二十歳だった。四歳という年の差は、友人として程よく、師傅《しふ》（師匠）としてもふさわしく、いろいろな意味で兄のような存在だ。それからの十年間、香港で彼と彼の家族と過ごした夏を含め、私は彼から武術だけでなく、多くの貴重な人生訓を学んだ。

彼が亡くなるまでに、彼の名前は世界中で知られるようになった。その後、彼の影響力は飛躍的に高まり、世界的な現象にまで発展した。驚異的なスピードと調整力、体格の割に並外れた強さなど、彼の身体的特性はよく知られている。私も含め、そのような特質は多くの人たちを引きつけた。しかし、彼がこれほど大きな影響を与えたのは、彼が天才的な身体能力の持ち主だったからだけではない。決断力、自己鍛錬、完璧主義的なまでの粘り強さ、自信、新しいアイデアや人々に対する寛容さ、分かち合おうとする姿勢、ショーマンシップの才能、自虐的なユーモアのセンス、忠誠心、威厳、他者への敬意を兼ね備えた人格の持ち主だったからだ。

彼は時にその人生がドラマのように誇張されたため、繊細さや複雑さが見過ごされることもあった。彼の良い面は時に過剰になり、陽が陰を圧倒することもあった。彼の自信は傲慢に、彼の一途さは自己陶酔に映るかもしれない。しかし、彼は武術だけでなく、自分自身の性格を常に評価し、把握し、手を加えていた。最終的に、彼は自分の足かせとなるひずみを取り除き、自分の能力を最大限に発揮できるように磨きをかけた。

彼の家族の言葉を借りれば、ブルースが十八歳で香港からアメリカに渡ったとき、彼は「並かそれ以上」の武術家であり、四年後に帰国したときには「この地球上ではめったに見られない特別な才能」を発揮していた。私が彼に初めて会ったとき、彼は未完成であり、亡くなる九カ月前に最後に会ったときも、彼はまだ進化を続けていた。

この後の章では、直接ブルースの人生に触れた人々だけでなく、彼をインスピレーションの源とする世界中の人々にも、私が知っているブルースを分かち合い、彼を彼たらしめていた資質をご覧いただきたい。

1 私がカンフー (*kung fu*) をグンフー (*gung fu*) と表記しているのは、ブルースが通常そう表記していたからだ。また、この表記は「*kung fu*」よりも実際の発音に近い。「*kung fu*」という表記は、話し言葉の標準中国語をローマ字表記するための特殊なシステムの産物であり、現在では衰退しつつある。中国で使われているローマ字表記であるピンインでは、「*gongfu*」と表記される。ブルースは広東語を母国語とするが、広東語でも北京語でもグンフーの発音はほぼ同じである。

2章　香港からアメリカへ

ブルースの父親リー・ホイチュアンは、広東オペラや映画スターとして有名だった。一九三九年の終わり頃、彼はアメリカ中のチャイナタウンを回る長期ツアーに出た。ブルースはそのツアー中、一九四〇年十一月二十七日にサンフランシスコで生まれた。この日は辰年で、辰の刻でもあった。辰年は十二支の中で最も縁起の良い干支といわれている。両親は彼を広東語で李振藩《リー・ジュンファン》（Lee Jun Fan）と名付けた（出生証明書ではLee Jun Fonと表記）。これは「サンフランシスコを揺るがす」と解釈できる。子供の頃、ブルースが家族から付けられたニックネームは、落ち着きのなさから「莫司同《モー・シ・ティン》」、つまり「じっとしていない」というものだった。「振《ジュン》」の字は、ブルースが若い頃、少し違う字に変わったのかもしれないが、「揺り動かす、動かす、行動を起こさせる」という意味で、「藩《ファン》」は「境界」や「辺境」を意味するが、「サンフランシスコ」の音訳の一部としても使われる。「ファン」は「フラン」と音が似ている。

しかし、後に彼がその名で知られるようになったのは、香港での子役時代の芸名である「リー・シウロン（李小龍）」、つまり「リトル・ドラゴン」だった。

母親のグレース・ホーはユーラシア人だった。彼女のヨーロッパ人の血筋と出自については不明な点が多い。グレースの父親は著名な中国人実業家で、表向きはオランダ人とのハーフとされているが、まったくの中国人であろう。グレース・ホーの母親はユーラシア人、あるいはイギリス人で、妾か愛人だったのかもしれない。計算すると、ブルースは八分の一から八分の三が白人ということになる。彼はそのことを隠そうとはしなかったが、自分に白人の血が入っていることを口にしたのはたった一度だけだったと記憶している。私が知っている限り、彼は誇りを持って中国人だと言っていた。

ブルースが生まれたとき、日中戦争は数年間続いていた。日本軍は中国北部の大部分と、当時イギリス王室の植民地だった香港周辺を含むさまざまな沿岸地域を占領していた。父親のオペラ仲間の中には、米国に残ることを選んだ人もいるし、日米開戦で米国に取り残された人もいた。そのうちの一人、ピン・チョウは最終的にシアトルに行き、妻のルビーとともにシアトルに「ルビー・チョウ」というレストランを開いた。ブルースの両親は、年長の三人の子供たちを、香港にいる、当時七十歳だった父方の祖母のもとに残していたので、香港に帰国するという選択以外には、何もなかった。

ブルースと両親は、ブルースがまだ生後六カ月にもならないうちに、サンフランシスコを出て、一九四一年五月に船で香港に到着した。ブルースはすぐに危険な病気にかかり死にかけた。数ヵ月後の十二月、真珠湾攻撃の数時間後、日本軍は香港に侵攻した。日本軍が降伏し、香港がイギリスの植民地に戻ったとき、ブルースは五歳間近だった。学校に通い始めた頃は、まだやせっぽちだった。近視で分厚い眼鏡をかけていた。よくいじめられたが、反撃した。

誰が見ても、日本による香港占領は残忍だった。イギリスは、残忍さでは劣るものの、誰が指揮を執っているのか疑いの余地はなかった。そして、どちらの時代も彼の性格に影響を与えた。彼は映画の中で中国の民族主義的感情を利用することに何の疑問もなかった。ハリウッド進出を試みたが失敗し、香港で二本目の映画となった『ドラゴン怒りの鉄拳』は一九七二年に製作され、日本人の武道家が主な悪役として登場するが、その舞台は二十世紀初頭の上海だった。当時、上海の一角は外国勢力に支配されていた。あるシーンで、彼は「犬・中国人お断り」の看板のある公園への入場を拒否される。日本人の男に「犬のように振る舞えば入れてやる」とバカにされた後、彼はその男と仲間を殴り

ブルースと彼の車、1960年頃
ブルース・リー・ファミリー・アーカイブ提供

倒し、看板を蹴飛ばす。

最近の研究では、そのような文言の看板が存在したかどうかについては疑問視されているが、外国勢力による中国の屈辱の象徴として、その存在は中国の一般大衆の間では疑いようのないものだった。ブルースは確かに、戦前から日本統治時代の香港では、そのような看板が現実に存在していたと考えていた。

日本による占領は彼の心に傷跡を残したが、ブルースは個々の日本人に対する偏見や悪意を示したことはなかった。シアトルで初めて真剣に付き合い、プロポーズしたエイミー・サンボは日系アメリカ人だったし、後にブルースがカリフォルニアに移ったとき、シアトルでグンフー教室を開いていた親友でアシスタントのターキー・キムラも日系アメリカ人だった。私が結婚することになる女性、日本からの留学生である後藤紀子に彼を紹介したときも、彼は快く歓迎してくれた。日本から来た他の日本人とも親しくしていた。

彼は日本が香港を占領していた歴史を確かに知っていたし、両親や他の人たちから話を聞いていたのは間違いないだろうが、おそらく直接体験した記憶はほとんどないだろう。いずれにせよ、彼は日本人個人に対する見方と、日本が中国と香港を占領した歴史に対する見方とを分けて考えることに、違和感はなかったようだ。

一方、イギリス人に対する彼の態度は、より感情的なものだった。おそらく思春期に、香港で休暇中のイギリス人船員と現実に遭遇したからだろう。自分よりずっと小柄な、痩せて眼鏡をかけた中国人の子供のような相手に、自信過剰に立ち向かうイギリス人船員との対決について、彼が語るのを何度も耳にした。ブルースのテクニックの一つは、水兵がボクシングの構えで両手を上げると、手を叩いて叫び、水兵の注意を自分の手に集中させ、その後に素早く股間にストレートキックを叩き込むというものだった。彼とその一団は、別の高校の英国人生徒とも絡んだ。

ブルースが十代のころに喧嘩をしたのは、イギリス人船員や学生だけではなかった。香港の街は無法地帯で、ブルースや家族によれば、彼は常に喧嘩をしていたという。ブルースは父親と一緒に太極拳を練習したことはあったが、それにのめりこんでいたわけではなく、初めて喧嘩に巻き込まれたときには、まだ正式なグンフーの訓練も受けていなかった。彼が初めて正式な指導を受けたのは、詠春拳の有名な師匠である葉問《イップ・マン》からだった。葉問《イップ・マン》に師事したのは一九五三年、ブルースが十三歳の時だという説が多いが、最初の高校（ラ・サール・カレッジ中等部）を追い出され、新しい高校（聖フランシスコ・ザビエル・カレッジ中等部）に入学した一九五六年九月、十五歳の時だという説もある。

葉問《イップ・マン》の学校での主な指導者は、ウィリアム・チャン（張卓慶）とウォン・シュンリョン（黄淳樑）という二人の先輩だったようだ。その理由は、ブルースが純粋な中国人でないことを論拠の一つに、彼を退学させようとした生徒たちが、葉問《イップ・マン》との妥協案として、ブルースをウォンのもとで学ばせ、しばらくの間、正式な指導を受けさせないようにしたからかもしれない。経験豊富で有名なストリートファイターであるウォンが、ブルースの指導に当たった。ウォンは、ストリートファイトと、屋上でのグンフー他流派との素手の決闘の両方に備え、教室で技術を磨くようブルースを励ました。ブルースの喧嘩は衰えることなく、むしろ頻繁になった。

ブルースが十八歳になる頃、家族は彼に再出発が必要だと考えた。一九五九年四月、家族は彼が高校を卒業する前に、彼に百ドルを持たせ、オーシャンライナーの三等船でアメリカに送り出した。

彼がこのように急に出国した理由について、私はさまざまな説を読んだことがある。三人組のリーダーの息子を喧嘩で負かしたいざこざを避けるために町を出る必要があったとか、もっと信憑性のある別の話では、有力者一家の息子を殴り倒し、息子の親が警察に苦情を申し立て、警察からブルースの両親に対し、「もしおとなしくしていなければ逮捕する」と警告されたのだという。ブルースがアメリカに送られた正確な理由を聞いたことがないが、彼は数々の喧嘩についてよく私に話した。どの話でも、彼が香港で常にトラブルを起こしていたため、家族が彼を送り出したという点で一致しているようだ。彼がすでにアメリカ市民だったので、おそらくその解決策に行きついたのだろう。

当時、彼は有名な子役映画俳優だったが、それでも両親は彼を送り出すことをやめなかった。実際、父親は数年間、彼の素行不良に対する罰として映画出演を禁じていた。皮肉なことに、彼が旅立とうとした矢先、最後の一作『ドラゴン・オーファン（原題・孤星血涙）』への出演が許され、香港でのスターとしての人気は飛躍的に高まった。しかし、賽は投げられたのだ。

彼が香港を去る一年ほど前、さらに三つの注目すべき出来事があった。一つは、チャチャに熟練したブルースが、一九五八年に全香港のチャチャ・コンテストで優勝したことだ。彼はグンフーの型を習得する技を、ダンスの振り付けに応用した。チャチャは、武術以外に、彼が情熱を傾けたものの一つであり、社交場で場をなごませる役割を果たした。アメリカへ渡る船では、客室の上甲板で乗客にレッスンを行い、一〇八種類のチャチャの動きが書かれたカードを長年財布に入れていた。

二つ目は、彼が新たな格闘技に一度だけ挑戦したことだった。それは、高校の教師の一人に説得されて参加したボクシングの試合だった。その試合では、過去三年間、その階級で優勝していた相手に何度もダウンを奪って圧勝したものの、ボクシンググローブを使った自分のパンチ力の限界と、相手を完全にダウンさせることができないことに苛立ちを覚えた。後年、ボクシンググローブなどを改造してスパーリングに使用するようになったが、この経験から、拘束力のあるルールや道具を使った試合への嫌悪感が強くなった。彼は、パンチやキックを決められた場所に当てることでポイントが与えられる空手スタイルの大会に出ることを拒否し、実際の試合では、どこでどのように攻撃してもいいという、ルールのないフルコンタクトであることにこだわった。

最後に、出発前の数カ月の間に、彼は北派のグンフーの教師から、基本的な蟷螂拳《とうろうけん》（カマキリ拳法）を含む、いくつかの派手な型と技を学んだ。彼は収入を増やすために、すでにアメリカでグンフーを教えることを考えていた。ショーマンシップを求める生徒には北派を教え、実用性を重視する生徒には詠春拳を教えればいいいと考えたのだ。

出発の時、家族や友人たちは桟橋で彼を見送った。二週間以上の航海の後、彼は生まれ故郷の街に降り立った。

〓〓〓〓

ブルースは父親の友人と夏の間、サンフランシスコに滞在した。父親の友人が仕事を紹介してくれたレストランでウェイターとして働いたのは一週間だけだったが、サンフランシスコのチャイナタウンや湾を隔てたオークランドでチャチャを教え、小遣いを稼いだ。

一九五九年九月初旬、ブルースは高校を卒業するためにシアトルへ引っ越した。父親の旧友で、当時シアトルのレストランでシェフをしていたフック・ヨンが、シアトルからサンフランシスコまで車で迎えに来てくれた。それから一九六三年の春に香港に帰省するまで、彼はルビー・チョウ・レストランに住み込み、皿洗い、バスボーイ、ウェイターとして働いた。フック・ヨンはグンフーの熟練でもあり、主に蟷螂拳《とうろうけん》の信奉者で、すぐにブルースにいくつかの型を教えた。

ルビー・チョウ・レストランは、シアトルのブロードウェイとジェファーソンの角、後にブルースが教室を開いた駐車場から一ブロックほど離れた場所にある、チョウの名を冠したレストランだった。チャイナタウン以外では、シアトルで最初の高級中華料理店の一つだった。

レストランの建物は、シアトルの古い木造の邸宅を改装したもので、二階には下宿部屋があった。ブルースは二階のウォークイン・クローゼットのような部屋に住んでいた。そこは、部分的に三階に続く階段の下になっていた。私は彼の部屋を見たことはないが、どう見ても家具はまばらで、バスルームは階下にあったはずだ。ブルースの初期の教え子の一人であるスキップ・エルズワースによると、ブルースは階段の下側の傾斜した天井の真下にマットレスを敷いて寝ていた。果物箱は机の代わりで、天井からワイヤーで吊るされた裸電球がひとつ。服はきちんとたたんで重ねてあったそうだ。

ルビーは、蜂の巣のような髪型と強烈な個性を持つ手強い女性で、シアトルの華人コミュニティの有力者であり、後にキング郡議会議員に選出された初のアジア系アメリカ人となった。ルビーは、ブルースが真面目に働き、一部の客の横柄な態度にも我慢するよう期待していた。ルビーとブルースには性格の不一致があった。彼女がブルースを若いお調子者で、客扱いされることを期待する、恩知らずの居候だと思っていたのは間違いない。

ルビー・チョウの長男でブルースより一歳半年上のエド・チョウは、翌年四月にシアトル大学の友愛会でブルースと日本人柔道家が行った「中国ボクシング・柔道デモンストレーション」の解説者を務めた。エドが当時シアトル大学に通っていたかどうかは知らないが、キャンパスは実質的にレストランの隣だった。もしかしたら、そのレストランの客だった学生や教職員が、そこでブルースに出会ったのかもしれない。

ブルースはユーモアのセンスと陳腐なジョークでも有名だった。彼の好きなジョークの一つは、ルビー・チョウのレストランで、お客から侮蔑的な扱いを受け、怒りを抑えるのに必死だったときに、彼の心に響いたものだったのだろう。あるアメリカ人が中華料理店に入って席に着き、fried rice（チャーハン）を注文する。中国人のウェイターは「OK, one fly lice（ハエとシラミを一匹ずつ）」と間違った発音で答えた。アメリカ人の客は、ウェイターが発音を間違えているのを笑ってからかった。それ以来、その客がレストランに来るたびにウェイターをからかったので、ウェイターは腹を立て、家で正しい発音の練習を始めた（ブルースは、家の鏡の前で発音練習するウェイターの真似をした）。やがてウェイターは上手に fried rice が発音できるようになった。ある日、その客がまたやってきて「One fly lice!」と声を掛けると、ウェイターは誇らしげに「違います。fly lice ではなく、fried rice です」とゆっくり丁寧に発音しながら言う。さらに続けて「You Amelican plick!（このアメ公め！）」とその客を罵ったものの、その発音はまたもや間違った発音だった。ブルースは大げさなピジョン英語のアクセントで最後の台詞を言い放ち、大笑いした。

ルビー・チョウ・レストランの前で、1960年頃。
ブルース・リー・ファミリー・アーカイブ提供

いずれにせよ、ブルースはレストランにいる時間をできるだけ少なくし、引っ越せるまでの日数を指折り数えているような様子だった。しかし、彼は一九六三年に香港に帰省した後シアトルに戻るまで、父親がピンとルビーの家で間借りできるように手配してくれたのだからと、四年近く我慢していた。おそらく、グンフーを教えながら、自分一人でやっていけるという自信をつけるのに時間がかかったのだろう。香港に帰省したころには、彼は十分な収入を得ていた。

シアトルに着いて間もなく、彼は高校卒業資格を得るためにエジソン・テクニカル・スクールにも入学した。エジソンがあったキャピトル・ヒル地区のブロードウェイ沿いの建物は、現在はシアトル・セントラル・コミュニティー・カレッジのキャンパスの一部になっている。彼の最初のグンフーの生徒は、エジソンの生徒たちだった。

ルビー・チョウの店で働き、学校に通う傍ら、ブルースはグンフーの訓練を続けた。香港で幼なじみのホーキンス・チャンから木製のダミー（木人樁《もくじんとう》）を送ってもらい、それを叩いて黐手《チーサオ》の練習をし、前腕を鍛えた。そして、フック・ヨンのデモンストレーションにも参加するようになった。

ブルースは香港では世慣れていたが、アメリカではまだ物事の仕組みを学んでいる最中だった。だから、エジソンの仲間に引き入れられたのは驚くことではなかった。彼らは年上で、この街で苦労して身につけたストリートの賢さが頭にぎっしり詰まっており、自然とブルースの最初の弟子となったのだ。

最初の弟子は柔道の茶帯を巻いたハスキーな黒人のジェシー・グローバーだった。ジェシーは当時二十六歳で、ブルースより六歳年上だった。彼が初めてブルースを見たのは、ブルースがフック・イェンと中国青年クラブと一緒に出演したデモで、ブルースが披露したチャチャ・パフォーマンスの後だった。ジェシーは、グンフーの教師を探すのに失敗してカリフォルニアから戻ってきたばかりだったので、自宅の裏庭でグンフーのデモが行われることを知ったときは興奮した。ジェシーはデモに感動し、自分も同じように動けるようになろうと誓った。

ジェシーは自著のなかで、「夏のシーフェアのイベントでブルースを見てから、一九五九年、ブルースにグンフーを習い始めた」と書いている。しかし、ブルースがシアトルに到着したのは一九五九年の九月で、夏のシーフェアのイベントが終わってからずっと後のことだった。そしてブルースの日記によれば、「ジェシーと初めて会い、教え始めたのは翌年の一月になってから」とある。

一九六〇年一月八日（金）のブルースの日記にはこう記されている。

「今日の放課後、黒人がグンフーを教えてくれと言いに来た。彼は柔道の茶帯で、体重は八十二キロある。彼はちょっと不器用だと思う。でも、私の指導のもとで練習すれば、きっと上達するはずだ」

二日後の日曜日、彼はまた日記を書いた。

「今日は黒人の家に行って、グンフーのコツを少し教え、中国人にグンフーを使わないように頼んだ！今夜は眠れそうにない」

ジェシーは、ブルースが彼独自の技を持っていることをすぐに見抜き、彼と一緒に練習を始めた。最初はジェシーのアパートでマンツーマンで練習し、時間が取れれば学校や他の変わった場所でも練習した。ルビーはブルースが中国人以外に教えるのを嫌ったので、レストランでは練習できなかった。

当時、ブルースはまだ独自のやり方を確立している最中で、他のグンフー流派の技を試していた。

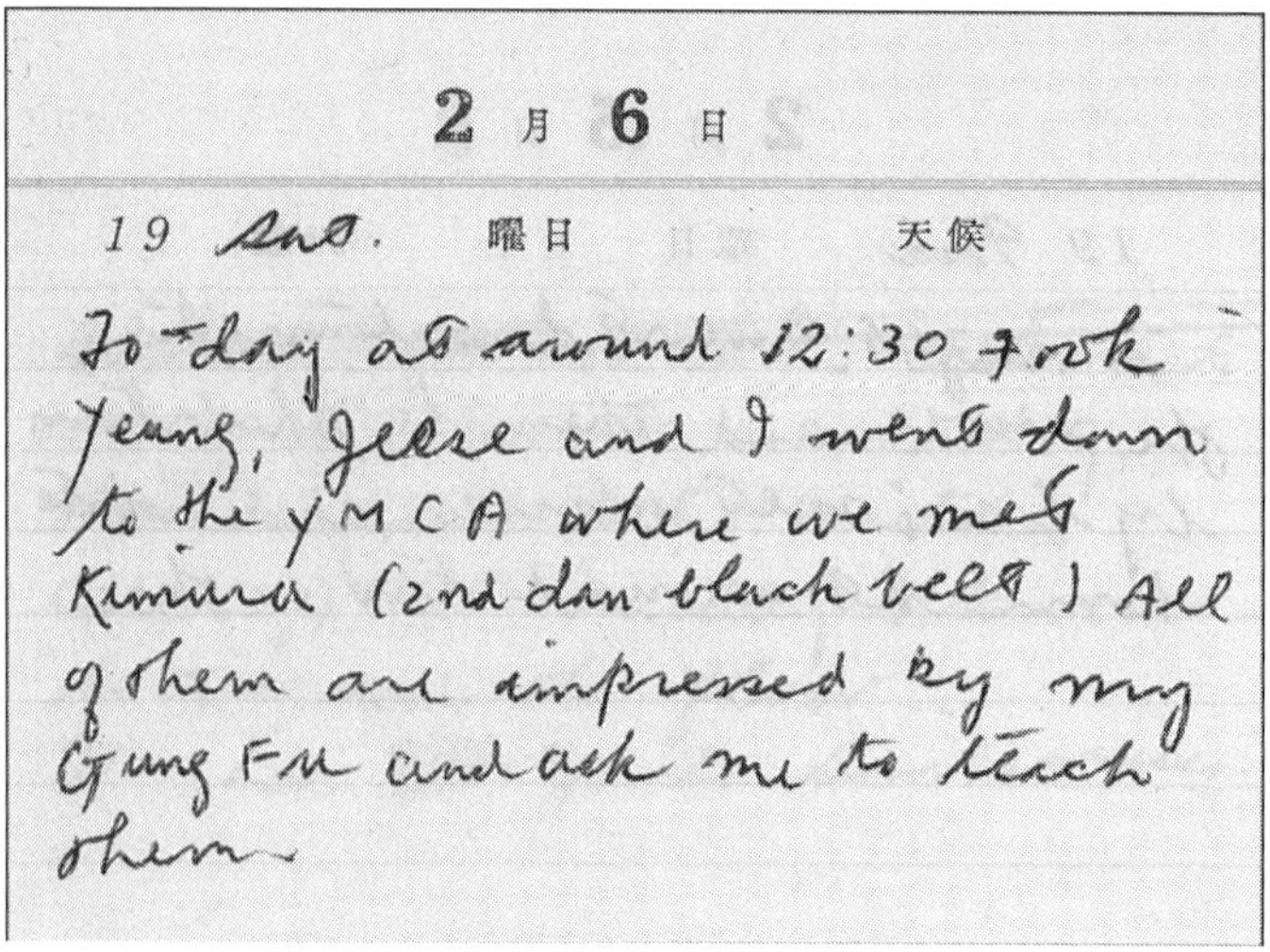

2月6日

19 Sat. 曜日 天候

To-day at around 12:30 Fook Yeung, Jesse and I went down to the YMCA where we met Kimura (2nd dan black belt) All of them are impressed by my Gung Fu and ask me to teach them.

ブルースの日程表
ブルース・リー・ファミリー・アーカイブ提供

彼はジェシーにさまざまな攻撃や防御の方法を教え、それらの技をジェシーに使わせて、自ら練習した。ジェシーは、「私が学べた唯一の理由は、当時、ブルースが練習するために生きたダミーが必要だったからだ」と語っている。ブルースは、多くの技術を捨て、後に正式な教室で教えるようになったときに、それらを伝授することなく、単にとっておいた。

ジェシーはまた、二人が初めて会ったとき、ブルースは自分の技量を上級初心者の少し上程度にしか考えていなかったと語っている。ブルースはブリティッシュコロンビア州、バンクーバーにあるチャイナタウンまで足を運び、さまざまな流派のグンフーに関する本を買い求め、シアトルに戻るとそれらをむさぼるように読んだ。ブルースの夢は、さまざまな流派の達人の秘技を学び、それらを組み合わせて「スーパーシステム（最高の体系）」を作ることだった。

しばらくの間、彼は型を強く信奉していたが、一年も経たないうちに考えを改め、型を強調するあらゆる体系を否定するようになった。

ブルースはジェシーから紹介された数人の弟子も育てた。二人目の生徒はジェシーの同居人のエド・ハートで、彼も柔道家で手強いストリートファイターだった。同じくエジソンの生徒で柔道家のハワード・ホール、パット・フックス、スキップ・エルズワース、チャーリー・ウーがすぐに加わった。そのころ、ジェシーのアパートは教室としては手狭になっていた。

ブルースの日記によると、一九六〇年二月六日、彼はジェシーとフック・ヨンと共にYMCAに行き、そこでターキー・キムラに会った。ターキーと他のメンバーはブルースにグンフーを教えてくれるように頼んだようだ。その後の二月の記録には、ブルースがターキーと柔道の練習をしていたことや、「柔道を習っていた」ことも書かれている。ブルースは、YMCAでターキーにグンフーを教え始めた。しばらくしてブルースは新しい生徒を自分のデモンストレーションに加えたが、それは一九六〇年四月のシアトル大学、スモーカーでのデモの後だった。九月になると、ルロイ・ガルシアがグループに加わった。彼の妻がエジソンに通っていて、ブルースのデモを見たことがあるということだった。

最初は、ブルースと仲間たちが武術の技を交換し、一緒に汗を流していた。ジェシーから紹介された百二キロもある空軍のスーパーヘビー級ボクサー、ジム・デマイルは「ブルースは、我々が学びたいと思うような素晴らしい技術を持った若者だった。一緒にトレーニングした後にたむろするときは、ただ楽しい時間を過ごしている男たちの集まりで、ブルースはその中の一人だった。ブルースもみんなから多くのことを学んだに違いない。特に、慣れた相手よりも大きな相手に対処するためには、どのように技を調整すればいいのかといったことだ」と語っている。ジェシーも、人前で話すのが苦手だったことも含めて[1]、ブルースが新しい環境に適応するのを助けた。しかし、彼らがブルースの優れた技術を高く評価していることは明らかだった。お互いに発見の航海ではあったが、ボートを操縦していたのはブルースだった。

ジェシーはやがて自分の道を歩むようになったが、ブルースには絶大な敬意を抱いており、生涯を通じて自分のことをブルースの「最初の弟子」と呼んでいた。また、ブルースは自分より「はるかに上」であり、「ブルースを殴ろうとしても殴れない」、「ブルースは自分の師匠だから、いずれにしても殴ろうとするはずがない」と臆面もなく語っていた。ジム・デマイルとブルースは早くから対立していたが、ブルースの格闘家としての比類なき能力を常に高く評価していた。

ブルースが指導する生徒の数が増えてくると、彼らは運動場など屋外のさまざまな場所で練習するようになった。一九六一年三月までに十人の生徒[2]がチャイナタウンに毎月十ドルずつ出し合って場所を借りた。五月までに、生徒の多くが仕事を失い、スペースを手放さざるを得なくなった。ブルースは一時的に教えるのをやめ、ルビー・チョウのほかにアルバイトをして資金繰りをした。私が教室に参加したとき、グループはルロイ・ガルシアの家の裏庭で練習していた。

シアトルで暮らし始めたばかりの頃の、ブルースの性格を知る上で興味深い日記がある。一九六〇年初めの日記には、彼が経験した「小さなもめ事」が記されており、「もっと忍耐を学び、自己防衛（中略）をもう少し練習した方がいい」と書かれていた。

初期のシアトル教室の生徒たち、1960年頃。
前列左から右に：ターキー・キムラ、チャーリー・ウー、ルロイ・ポーター
後列左から右に：パット・フックス、ブルース、エド・ハート、ジェシー・グローバー
ブルース・リー・ファミリー・アーカイブ提供

ブルースがまだエジソンにいた頃、私が教室に入る数カ月前、彼は柔道の黒帯を持つ空手家に戦いを挑まれた。ジェシーによると、その空手家はタフな相手に戦いを挑み、勝つことで定評があったという。空手家の名前は、ウエチやヨーイチ・ナカチと呼ばれているが、名前について出典をたどるのは難しいので、ここでは空手家とする。

その試合がいつ行われたかははっきりしないが、一九六〇年の十一月頃だろう。ジェシーの本に載っているポスターによると、その試合は一九六〇年十月二十八日、ブルースと彼の生徒たちがイェスラー・テラスのジムで行ったデモの後に行われた。その空手家はデモの後、ブルースに挑戦したが、ブルースは生徒たちに自分のことを悪く思わないか確認した後、一旦挑戦を断った。空手家が挑戦してきた背景にあったのは、ブルースがハード・スタイルよりソフト・スタイルの方が優れていると発言したことに、空手家が腹を立てたというものだった。ブルースはグンフーのことをソフト・スタイルと言っていたのだが、空手家はブルースが空手のことを言っていると思っていたらしい。それから数日間、空手家はエジソンでますます不愉快な態度をとるようになった。やがてブルースの堪忍袋の緒が切れ、ジェシーの計らいで、ルールも制限もない素手の試合をすることになった。

試合はＹＭＣＡのハンドボールコートで行われた。ブルース側にはレフェリーを務めるジェシー、ブルースのセコンドを務めるエド・ハート、タイムキーパーを務めるハワード・ホール、ルロイ・ガルシアがいた。空手家側には、シアトル大学のスモーカーでブルースとデモを行った柔道家のマサフサ・キムラと、もう一人の日本からの留学生がいた。試合は二分三ラウンドで、三ラウンドのうち二ラウンドを制した方が勝ちということになっていた。ラウンドの勝敗は、相手を倒すかノックアウトすることで決まる。試合続行不能になった者がいれば、その者の負けである。挑戦者は黒帯を巻いた空手着に着替えた。ブルースは道着を着たまま、シャツ、靴、靴下を脱いだ。

ブルースは挑戦者が先制の前蹴りを繰り出すのを待った。ブルースはそれを振り払い、ジェシーいわく「相手を引き裂く」ストレートの連打で攻めた。最後は顔面蹴りで挑戦者を倒した。ジェシーはこう続けた。「相手が床に倒れて長い間動かなかったので、みんな彼が死んだと思った」。ブルースは相手の頭蓋骨の目のあたりから頬骨にかけてヒビを入れていたことがわかった。

この一戦は十一秒ほどで終わったが、挑戦者の意識が戻って、どのくらいの時間だったのかとエド・ハートに尋ねると、彼は申し訳なさそうに、その倍の時間、つまり二十秒ほどがかかったと答えた。ブルースが最初の前蹴りをブロックしたとき、ジェシーはその蹴りがブルースのタンクトップをかすめたのを見て、「相手の足がもう少し長かったら、あるいは蹴りのスピードがもう少し早かったら、試合は違う展開になっていたかもしれない」と思ったという。ジェシーによれば、その直後、ブルースは戦術を変え、待ち構えたりカウンターを狙ったりするよりも、相手に攻撃をかけたほうがいいと考えたという。

しかし、ブルースは相手を恨んだりはしなかった。その空手家は後にブルースにグンフーを習いたいと言い出した。彼はブルースに個人的に指導してもらいたかったようだが、ブルースは他の人と同じように教室に参加しなければならないと話した。

1 ジェシー・グローバーの著書『ブルース・リー』に「ブルースも、どもっていた」という記述がある。ブルースの日記には、英語の間違いを気にするあまり吃音になったと書かれている。彼は発音や文法を気にせず、自分の言いたいことを言おうと決心した（一九六〇年一月二十一から二十二日の日記より）。ブルースは当時英語を流暢に話していたが、それは学校で学んだ第二外国語で、イギリス英語だった。

2 生徒はジェシー、スキップ・エルズワース、パット・フックス、ハワード・ホール、チャーリー・ウー、ターキー・キムラ、ルロイ・ガルシア、タク・ミヤベ、ジム・デミレ、ジョン・ジャクソンの十人だった。エド・ハートはブルースの二番目の生徒だったが、当時はニューヨークに数カ月滞在していた。

3章　シアトルのグンフー教室

盆踊りでブルースと出会った翌週、私はジャッキー・ケイの弟、ロジャーと一緒にブルースのグンフー教室までヒッチハイクで行った。ロジャーはまだ十三歳で､車を運転するには若すぎた。その頃、ブルースはエジソンを卒業し、ワシントン大学に通い始めていた。

当時の授業は週に一、二回、ルロイ・ガルシアの家の裏庭で行われていた。ルロイは、シアトルの東の境界線に沿った、細長いワシントン湖の東側に、少し前に組み立てたログハウスに住んでいた。私の記憶では、家の前は舗装されていない道か路地で、裏庭は草地というより土だけの庭だった。他の生徒たちと同じように、彼は二十代後半か三十代だった。ルロイはブルースに初めて銃を与え、他の生徒たちと一緒に３５７口径ピストルの撃ち方を教え、後に25口径オートマチックを渡したと言う。私はそのことについては何も覚えていない。

当時のグンフー教室には十二、三人の生徒がいたが、その中に、チャイナタウンでのデモを手伝っていた三人の姿があった。それは、ジェシー・グローバー、ターキー・キムラ、ジェシーと同じくらいがっしりした三十代前半の日系アメリカ人だ。そしてもう一人の生徒がスキップ･エルズワースで、彼はジェシーとターキーを見下ろすようにそびえ立つ白人男性だった。

ジェシーは、不愛想で飾り気がない男で、タフでスピードがあるという印象だった。二十六歳の彼は、十六歳の私にとって、もっと年上に見えた。彼は柔道をやっていて（当時は黒帯）、片手の甲、確か親指と人差し指の間にタトゥーが入っていた。そのタトゥーは彼をよりタフに見せていた。私はタトゥーについて彼に尋ねたことはないし、誰かがそのことを口にしたのを聞いたこともない。ジェシーは、私が知る限りシアトル出身だったし、当時のシアトルには、カリフォルニアのチカーノ・ギ

ブルースとターキー、駐車場で練習、1961年後半から62年初頭
デイビッド・タッドマン提供

ャングの文化はなかったから、私はそのことを疑問に思っていた。

後でわかったことだが、ジェシーはシアトルで育ったが、空軍に入隊する前の十五歳のときにカリフォルニアに移り、除隊後にシアトルに戻った。ルロイ・ガルシアによると、ジェシーはロサンゼルスの東部で、チカーノ・ギャングの文化に触れ、一時はギャングの一員になっていたという。ジェシーのタトゥーは、私の心の中で、静かな殺気のオーラを放っていた。

他の生徒にも、さまざまな人種が混ざっていた。ジム・デマイル（彼にはフィリピン人の血が入っていた）、エド・ハート、タク・ミヤベ、チャーリー・ウー、その他にも何人かがいた。ほとんどの人はブルースに出会う前に、主に柔道やボクシングなどの格闘技の経験があった。当時、私はグループの人種構成について何も考えなかった。それは私が通っていたガーフィールド高校のクラスと同じだった。

私が見た最初のグンフー教室は典型的なものだった。皆、普通の街着を着ていたが、動きやすい格好をしていた。ただ二つの礼儀作法が守られていた。授業の始まりと終わりは、教師であるブルースへの様式化された抱拳礼《ほうけんれい》で始まり、ブルースもそれに返した。そして授業中は、ロジャーを除いて、ブルースは生徒よりも年下だったが、自分を師傅《しふ》（先生または師匠）と呼ばせた。

敬礼するときは、生徒は数列に並び、ブルースと向かい合った。お辞儀をした後、拳を両脇に構え、両手を前に繰り出しながら一歩前に出て構えのような姿勢をとり、派手に抱拳礼をし、一歩下がって両手を下げ元の姿勢に戻した。ブルースはお辞儀をせず、生徒に向かって同じように抱拳礼をした。一連の動作は簡潔だが、気品がある。

その後、ウォーミングアップとストレッチ運動をしてから、生徒は二列に分かれて向かい合い、交互に攻防の練習をした。ブルースが新しい技を披露した後、クラスはペアになってスパーリングを行った。スパーリングでは、グローブも防具も使わず、スピードもパワーも全開だった。生徒は、相手が間一髪でブロックできなかった場合に備えて、パンチや蹴りが一インチ（約三センチ）ほどの距離でとどまるように、狙いを定めなくてはならなかった。ときには、事故が起こることもあった。

教室では数分間、瞑想の練習もした。生徒たちは馬の構え（馬法）になり、腹の下で手のひらを上にして重ね、目を閉じ、胸ではなく腹を膨らませながら深い呼吸をすることに集中した。後にブルースが、このような瞑想法は気を発達させ、ひいては打撃に大きな力を生み出すことができると言っていたのを覚えている。しかし、それには何十年とは言わないまでも、何年もの練習が必要だとも言っていた。彼のパンチ力は気には依存していないように見えた。数分間の瞑想は、形だけのようで、軽い興味はそそられたが、格闘技術を向上させることとは関係がないように思えた。

授業は一時間半ほど続いた。練習が終わったとき、私はすっかり心を奪われてしまい、このグループに参加したいと、すぐにブルースに伝えた。彼はうなずき、オーケーと答えた。十六歳の私は、そのクラスでロジャーの次に若く、ブルースより年下のもう一人の生徒となった。

しかし、このクラスに参加するとなると、困ったことがあった。

私が小学生の頃から習っていたボクシングのレッスンは、グンフーと同じ木曜日の夜だった。シアトルのキャピトル・ヒルにある会衆派教会の地下室で、生徒も周りのみんなも「キャップ」と呼んでいたウォルター・マイケルが教えていた。ボクシングのクラスは無料で、通りを歩いている人なら誰でも参加できた。時折、ストリートギャングが見学にやってきて、常連の何人かに挑戦することもあった。

キャップは元プロボクサーで、それなりに熟練した武術家だった。当時六十歳近くだったにもかかわらず、どんな人物でもうまく扱うことができた。彼のキャリアは、プロボクサーが生計を立てるために毎週試合をしていた時代に重なる。また、クイーンズ・ベリー・ルールでは認められていない技も数多く持っていた。

それまでの六年間、ボクシングは私の人生の大きな部分を占めていた。キャップはボクシングのコーチであるとともに、人生の指導者でもあった。自分を大切にする方法を最初に教えてくれたこと、実力と威勢を見分ける能力を与えてくれたこと、そして危険な状況に対処する自信を与えてくれたことに感謝している。

子供の頃、私の家族は何度も引っ越した。そのおかげで、ニューヘイブンの幼稚園、ニュージャージー州モリスタウンの一年生、ブロンクスの二つの学校で二年生と三年生、そして四年生の一時期と、転校を繰り返した。四年生の途中でシアトルに引っ越し、一つの学校で四年生を終えた後、両親がマドローナ地区に家を買ったので、五年生からマドローナ小学校に転校した。数えてみると、六年間で六つの学校に転校したことになる。私は常に転校生だった。

おまけに、ニューヨークの子供たちはニュージャージーより早く学校に通い始めたので、一年生の途中でブロンクスに引っ越したとき、私は二年生に進級して同年代の子供たちと一緒になった。数年後にシアトルに引っ越したとき、私のクラスの子供たちはブロンクスではなく、ニュージャージーの子供たちと同じ年齢であることがわかった。だが、その時点で学年を下げることに意味があるとは思えなかったので、そのまま我慢した。

その後、マドローナに引っ越し、白人と黒人が半々で、アジア人も数人混じっている学校に転校したが、それまで通っていた学校よりも環境がきつかった。私はそこで五年生になったが、転校生というだけでなく、クラスの他の子供たちよりも一歳ほど年下（しかも小柄）だった。

毎週木曜日には、何人もの子供たちがキャップとボクシングをしていた。数年間続いた頻繁な転校のおかげで、私はある程度自立していたが、常に新しい友達を作らなくてはならず、その都度、新しい環境に溶け込む方法を考えていた。ある日の午後、学校からの帰り道でクラスメートと鉢合わせして、イバラのような茂みに投げ込まれた後、ボクシングがそういうときの助けになるとすぐにわかった。私は高校三年の終わりまで毎週ボクシングを続け、それなりの技術を身につけ、大きな自信を得た。

だから、木曜日のボクシングクラスから離れるのは難しい決断だった。しかし結局、ブルースのグンフーの魅力が勝った。身体のあらゆる部位を武器として使うグンフーは、ボクシングよりも、実戦で相手に勝つための格闘技として制限がないと思えた。そして、グンフーを通して、まったく新しい文化に触れる機会を得られるという特典もあった。

私がボクシングの巧妙で効果的な格闘技システムを高く評価するのは、現在も同じだ。そして数年後、ブルースが昔のボクサーの映画を研究し始め、何度も繰り返し映画を観て、武術に対する自分の型を完成させようとしたとき、私にはそれが不自然には思えなかった。彼は、ジャック・デンプシー、ジョー・ルイス、シュガー・レイ・ロビンソン、アーチー・ムーア、モハメド・アリなどのフィルムを再生しては、私や、同じくボクシングをやっていた弟マイクにその動きについてコメントした。その後、二つの異なるビジネス取引に関わっていたとき、私はモハメド・アリに会った。最初の機会は、私が東京の法律事務所で働いていた一九七二年の春、ブルースと最後に会う約半年前のことだった。アリもまた象徴的な人物で、いろいろな意味でブルースと似ていた。二人は一度も会ったことはなかったが、きっと意気投合していたと思う。

しかし、一九六一年の夏、私は心底、グンフーの世界に引き込まれた。

すぐにでも格闘技を学びたかったが、ブルースの教室で最初に学ばなければならなかったのは礼の作法だった。複雑なダンスのステップのように凝ったものなので、難なくこなせるようになるまで少し時間がかかった。また、バイ・ジョン（擺樁）という右手を前に出す構えも学ばなければならなかった。

私は早速、ウォーミングアップと強化練習に参加した。やせっぽちの十代だったが、それなりにボクシングをやっていた私は、かなり柔軟性があると思っていた。しかし、グンフーに重要な柔軟性がないことにすぐに気付いた。ストレッチは主に膝の裏や肘の靭帯や腱をほぐし、強化するためのものだった。そうしないと、過伸展して肘や膝の靭帯を簡単に断裂してしまうからだ。

膝裏の腱を伸ばす主な訓練は、伸ばした脚を、腰の高さでパートナーに持ってもらい、もう片方の手で膝を押さえながら、ふくらはぎを掴んで額を膝につけ、脚を曲げずにその状態をキープするというものだった。最初は、その姿勢のまま頭を膝の三十センチ以内に持ってくることができなかったし、

初期のシアトル教室の生徒たち。後列右から5人目がブルース、その右が著者
1962年頃、ブルース・リー・ファミリー・アーカイブ提供

膝の下の腱が骨から切り離されるような感じがした。そこで、毎晩家でダイニングテーブルの上に脚を順番に置き、脚をまっすぐ伸ばしたまま胴体を上下に揺すっていた。数週間後、私はようやく頭を膝につけて、その状態を保てるようになった。当時、私はその脚のストレッチを詠春拳の標準的なストレッチだと思い込んでいたが、ブルース自身が一年ほど前にそのような柔軟性を身に付けたばかりだったとは知らなかった[2]。

私が覚えている他の訓練も、体を引き締めるためのものだった。しゃがんでカエルのように飛び跳ねながら大きな円を描くフロッグ・ホップや、手のひらを外に向けて腕をまっすぐ伸ばし、肘の関節を伸ばす運動、それから腕をゆっくりと頭上に上げ、両手を上に回して指を連動させ、再び肘を伸ばす運動などがあった。その他にも、首をぐるぐると回転させたり、弓歩《グンボウ》（弓の構え）を使って、足を同じ位置に保ったまま腰と上半身をそれぞれの方向にできるだけ大きく回転させたりした。また、蹴りの練習にも弓歩を使った。後ろ足を伸ばして頭の高さまで長い弧を描くように振り上げ、反対の手のひらを足の内側に叩きつけるのだ。その蹴りを実際の格闘技で使うことはなかったから、おそらくこの練習は、主に腰の周りのさまざまな腱や靭帯を伸ばすためのものだったのだろう。

多くのスポーツでは、練習や試合前のウォーミングアップにストレッチ体操を行い、筋肉の引きつりやその他の怪我を最小限に抑える。しかし、グンフーの訓練は単なるウォーミングアップにとどまらず、筋肉そのものというよりも、筋肉を固定する腱や靭帯の強さと回復力を高め、伸展性を高めることを目的としているようだった。土台がしっかりしていれば、筋肉は自ずと鍛えることができるというのが、明文化されていない前提のようだった。

ブルース自身のトレーニング観は年々変化し、後にウエイトトレーニングに取り組み[3]、持久力を求めて走るようになったが、スピードや柔軟性を犠牲にするほどやり過ぎることはなかった。ブルースが亡くなって数年後、ターキー・キムラが経営するブルース直系のシアトル教室に戻って驚いたことの一つは、ウォームアップと準備運動が変わっていたことだ。同じものもあったが、腕立て伏せと腹筋に重点が置かれていた。

〓〓〓〓〓

一九六一年にグンフーを習っていた教室では、ウォームアップと準備運動の後、技を練習した。基本的なストレートパンチのように、ブルース（あるいはアシスタントの一人）と向かい合って練習するものもあった。私たちは百発のストレートパンチを、左右、左右と、できる限りの速さで繰り出した。両拳をみぞおちのあたりでもう一方の拳の上に重ねた状態から始め、上の拳をまっすぐ伸ばしてもう一方の拳の下に戻し、二番目の拳でパンチを打つ、というように。

ほとんどの技は、二列になり、向かい合って練習した。蹴りの練習をする場合、一方の列の最初の人が広東語で十まで数え、その数に合わせて列に並んだ全員が蹴りを出し、その間にもう一方の列が蹴りをブロックする。この方法で練習する蹴りは主に二種類あった。一つはストレートキックで、前に出ている足で相手の股間を狙う。もう一つは、相手の脇腹を狙ったサイドキック。ストレートキックの場合は股間の三、四センチ前、サイドキックの場合は横に狙いを定めたが、練習のためにも、ミスした場合でも、ディフェンス側が鋭くブロックすることが重要だった。

例えば、ストレートキックは膝や脛を狙うこともできるが、防御側がブロックを練習できるように、股間を蹴る練習をした（膝や脛への蹴りは、同じようにブロックすることはできない。格闘では、そのような蹴りを出す前に距離を取り、素早く間合いを詰めなくてはならない）。他にも、後ろ足で膝を蹴る蹴りや、股間へのストレートキックから始まり、股間への蹴りをブロックされた場合、頭へのハイキックに転じる二段蹴りなども習ったが、あまり練習しなかった。

また、二列に分かれて手技を練習し、それぞれの列で攻撃と防御を交互に行った。それぞれが両方の練習をした後、一方にいた者は一つ場所を移動し、各自がさまざまな体の大きさ、スピード、レベルの相手と練習することができた。

ほぼ毎日、この方法で練習した基本的な手技は、パァク・サオ（拍手）、ラァプ・サオ（拉手）、チャァプ・チョイ（插槌）／グワ・チョイ（掛槌）だった。サイドキックやストレートパンチのように、はっきりと英訳できる技については、ブルースは英語を使っていた。しかし、上述の三つの手技のように英訳が明らかでない技については、彼は広東語の用語を使っていた。

パァク・サオは文字通り「平手打ち」を意味する。詠春拳の基本的な構えで両列が立った状態で、攻撃側は左手で相手の先手（右手）の前腕を叩き、同時に相手の防御を振り切って右ストレートパンチを放つ。防御側は開いた左手でこのストレートをブロックする。

ラァプ・サオとは「引き手」を意味する。その名の通り、攻撃側は右手で相手の右手首を掴んで前方に引き、バランスを崩すと同時に左手でストレートパンチを繰り出す。防御側は左手でブロックする。

チャァプ・チョイ／グワ・チョイはコンビネーション技で、相手のリード・アームの下から肋骨にナックル拳（チャァプ・チョイ）を繰り出し、相手が最初の一撃をブロックしたところで顎かこめかみに裏拳（グワ・チョイ）を繰り出す。防御側がナックル拳を右腕で払ってブロックすると、攻撃側は平手打ちして相手の右腕を抑え込んで、裏拳を繰り出す。

基本的な技を練習した後、ブルースは度々新しい技や型を披露し、私たちはそれを練習した。時には、ブルースはグンフーの哲学的、精神的な側面や、それがどのように練習に応用できるかについて話をすることもあった。

これは詠春拳と他のいくつかの流派にしか見られない練習方法で、二人の対戦相手が手首と前腕が

シアトルのブルー・クロス駐車場での練習、1961年後半から62年初頭
デイビッド・タッドマン提供

触れ合う相補的な構えをとり、そこから決まったパターンで腕を動かして攻撃を仕掛けるものだ。私たちが習った黐手《チーサオ》は、ブルースが香港で練習していたものを改良したもので[4]、より前方に圧力をかけたものだった。そして後年、私がシアトルの教室に戻ったときには、そのことはあまり重要視されていなかった[5]。

訓練の終わりにはペアになり、黐手《チーサオ》やフリースタイル、そして習ったさまざまな技を使ってスパーリングをした。その後、整列して再び抱拳礼をして終わる。

訓練が終わると、もうブルースを師傅《シフ》と呼ぶ必要はなくなった。

当時は気付かなかったが、ブルースの教室の構成はグンフーの歴史の中でもユニークなものだった。後に分かったことだが、香港では中国人以外の生徒はグンフーを教えていなかった。同様に、あらゆる面で人種のるつぼであるハワイでも、グンフー教室には他のアジア人すら入れず、中国人だけに教えていた。私が知る限り、当時はアメリカ大陸のチャイナタウンでも、一般的に同じだったようだ。確かにルビー・チョウは、ブルースに、中国人以外にグンフーを教えることは認められていないことを、ブルースに伝えていた。

ただ、他のグンフー指導者もブルースより先に非中国人を教えていたことは間違いない。例えば、オークランドにいたジェームズ・リー（ブルースと血縁関係はない）は、後にブルースの親友となり、彼が截拳道《ジークンドー》／JKDを開発し始めたときにブルースに協力していたが、一九五八年頃から白人の友人に「鉄の手《アイアンハンド》」を使った崩し技など、中国武術の一部を個人的に教えていた。私がジェームズと彼の友人に会ったのは、ブルースと私が一九六三年の夏の終わりに香港からの帰りにジェームズを訪ねた時だった。ジェームズは同じ頃、他の数人の中国人以外の人たちにも、グンフーを教えていたかもしれない。

他のグンフーの指導者たちも、ブルースがアメリカに来る前から中国人以外の人たちに教えていたといわれている。そうかもしれない。しかし、私が見聞きした限りでは、それは確かに例外であって、ルールに従ったものではなかった。そして、ブルースほど多くの中国人以外の人たちに堂々とグンフーを教えていた指導者は他にいなかっただろう。彼の教室への入門を希望する生徒にとって、人種的背景は重要な要素ではなかった。

一九六二年の夏、私たちがバンクーバーのチャイナタウンでデモンストレーションをしたときも、その後一九六三年にブルースが香港からの帰りにホノルルのグンフー学校でデモンストレーションをするために私を使ったときも、ブルースが公然と中国人以外の人たちに教えているという事実は、周りに衝撃を与え、困惑をもたらしていた。私が大学に進学して知り合ったイェール大学の中国人学生たちは、彼らのグンフー教室では、中国人にしか教えていないことを確認した。そして、ブルースが香港で彼の師匠と一緒にトレーニングするのを見に私を連れて行ったとき、私はグンフーについて何も知らないただのアメリカの友人の振りをしなければならなかった。ブルース本人でさえ、恩師への尊敬の念から、自分が中国人以外の人々にグンフーを教えていることを知られたくなかったのだ。

ブルースと私が香港から戻って一年あまりの後、オークランドでブルースはもう一人のグンフー修行者、ウォン・ジャックマン（王雀曼）から挑戦を受けた。一説によると、ブルースが学校を開き、中国人以外の生徒を認めたことに、中国人コミュニティが憤慨したからだという。ウォンは、それが挑戦試合の理由であったことを否定し、ブルースがサンフランシスコのチャイナタウンで行われたデモの際に、地元のグンフー修行者たちに挑戦状を叩きつけたことへの返答だった、と主張した。また、彼は後に、自分の学校がサンフランシスコのチャイナタウンで初めて中国人以外にも門戸を開放して運営された学校だと主張した。確かなことは言えないが、ウォンはその時点ではまだ自分の学校を始めてもいなかったと思う。いずれにせよ、中国人以外にグンフーを教えたのはブルースが初めてではないにせよ、彼があのような規模の教室で外国人にもグンフーを教えた最初の人物であることは確かだ。ブルースの場合、生徒の大半は中国人以外の人々であり、彼はどんな聴衆の前でもグンフーを披露することを使命としていた。

ジャックマンとの実際の試合は、開催理由から展開、最終的な結末に至るまで、ほとんどすべての詳細についていまだに論争の的となっている。私はブルースからその話を聞いたことがあり、後の章で詳しく説明する理由から、彼の話を信じている。

ブルースが白人の血を引いていることで、香港ではグンフーの生徒として完全には受け入れられなかったという話があるので、そのことが、人種に関係なく誰にでも教えるという彼の姿勢と関係があるのかもしれない。私が参加した教室の様子から明らかなように、彼は、生徒の人種や経済的背景、性別などまったく気にしていなかった。もし誰かがグンフーを学びたいと思っていて、それに一生懸命取り組む意思があれば、ブルースは喜んで教えた。女子には、間近で個人的に接するいい口実ができたことも、おそらくプラスに働いたのだろう。実際、ブルースは後に妻となるリンダ・エメリーがレッスンを受けているときに、彼女と知り合った。

ブルースのグンフー教室の人種構成は、私が通っていた高校と同じだったので、そのことはあまり考えなかった。しかし、ほぼ全員がブルースより年上で、さまざまな武術や荒っぽい経歴を持つ生徒たちが、ブルースの明らかな熟練度と実践的な取り組みに引かれていた。柔道出身の黒人（ブルースの最初の生徒ジェシー・グローバーのような）、中国人、日本人、白人の生徒もいれば、ボクシング出身の生徒（ジム・デマイルのような）もいた。ストリートファイトを知り尽くした屈強な男の中には、より効率的で効果的な手法を見出した者もいた。

ブルースにしてみれば、自分より体格がよく、見た目も粗野な連中を相手に自分を試すことに喜びを感じているようだった。彼は自信に満ちていて、スパーリングやその他の身体的な競争をものともしなかった。当時のブルースはまだ六十一キロかそこらだったが、百キロ以上もあり、自分の体重のベンチプレスを簡単に持ち上げることができるタフな黒人の子供と腕相撲をして、倒したのを見た。また、同じ子供を背中に乗せて、片手腕立て伏せをしたこともある。ブルースは、私を背中に乗せて三本指の腕立て伏せをしたこともあったが、当時の私の体重は七十七キロほどしかなかった。

当時はすべてが普通のことのように思えたが、そのときでさえ、私は、何か特別なことの一端を担い、武術の最高峰を体現している人物から、技や身体能力だけでなく、武術に対する姿勢を学んでいるのだと、かすかに感じていた。

何年もの間、ブルースのグンフー教室の場所は何度も変わった。私が教室に参加する前、ブルースと最初の生徒たちは、公共の公園や運動場、体育館など、練習できる場所ならどこでも練習していた。私が入門して間もなく、教室はルロイ・ガルシアの家の裏庭から、ファースト・ヒルの医療ビルの階下にある駐車場に移った。その向かいは、ブルースが住み、働いていたルビー・チョウのレストランだった。

駐車場は、半ブロックほどを占める構造物の、地上階全体を使っていた。駐車場の上にある多層階建ての建物は雨を防いでくれたが、壁はなかった。建物は、高床式の長屋のように駐車場全体に張り巡らされた太い柱の上に建っているため、冬場は屋外の他の場所と同じように寒かった。私たちが練習していた木曜日の夕方や週末は、駐車場に止まっている車はそれほど多くなかったので、広々としたスペースがあった。ブルースは使用料を払っていなかったはずだ。今は、ルビー・チョウのレストランも、私たちが練習した駐車場のあるビルも取り壊され、再開発されて久しい。駐車場は現在、スウェーディッシュ・ホスピタルの複合施設の一部となっている。

その翌年のある日、グンフー教室は再び、シアトルのチャイナタウンにある荒れ果てた場所（現在は四川麺の店）に移った。屋内スペースは、外気の入ってくる駐車場よりわずかに暖かかったが、広くはなかった。ブルースが家賃を払っていたとしても、おそらく大した額ではなかっただろう。その後、教室は数ブロック離れた地下の一角に移った。

チャイナタウンの地下の一部は、戦前、ジャパンタウンだった。戦後は再び、主に日系人が住むようになった。そこは一つの町のようになっていて、地下はトンネルでつながっていた。高校時代のある時、私は日系人の友人たちと一緒に日本料理店の地下室でパーティーを開き、ビールを飲みながら不謹慎な映画を見ていた。私たちが騒ぎ過ぎたのだろう、警官が現れ、レストランの正面玄関から懐中電灯を照らし始めた。私たちはパニックになり、酔っ払って歩けなくなり、醤油の空き樽の山の陰に隠れた友人一人を残して、トンネルを抜けて散り散りになった。私は、警官の目を逃れ、レストランから一ブロックほど離れた別のビルに逃げ込んだ。

チャイナタウンの地下室は、ブルースが自分の学校を振藩國術館《ジュン・ファン・グンフー・インスティテュート》（ジュン・ファンは中国語でのブルースの名）と呼び始めた時だったと思う。

1 「気（氣）」の意味は、空気や息だが、道教の概念としてはエネルギーの流れや生命力を指す。リンダは、自分が教室で教えた呼吸瞑想を、ブルース自身はあまり実践していなかったことを認めている。彼女の言葉を借りれば、彼はむしろ「行動する瞑想」に没頭していた。しかし、彼は自分自身との静かな時間をきちんと過ごし、本で読んだこと、観察したこと、計画していることについて考えていたという。

2 ジェシーによると、初めて重点的にキックを開発しようとしたとき、ブルースは頭を膝につけることができなかった。それができるようになるまで、二、三カ月ストレッチを続けたという。

3 ジェシー・グローバーは、ブルースは一時、約七十二キロ以上まで増量したが、体重が増えると動きが鈍くなるため減量したと書いている。ジェシーは見たままをそのまま語るので、彼の言葉は私の中では信憑性が高いが、そんな話は他では聞いたことがないし、私自身その体重のブルースを見たこともない。リンダによれば、彼は決してそんなに重くはなかったという。

4 ジェシー・グローバーによると、ブルースは彼や他の大柄なアメリカ人と一緒にトレーニングするとき、より前方に圧力をかけるようになったという。また、香港で見ていた上級生たちの黐手《チーサオ》に改良を加えた。彼らは、ブルースが香港を出た頃、ブルースよりも黐手《チーサオ》の腕前は上だった。しかし、ジェシーが語った話によると、ブルースが古典的な黐手《チーサオ》に改良を加えたのは、香港を離れる前のある出来事にあったようだ。ブルースは授業中、机の下に手のひらを押し当て、詠春拳の手のポジションの一つをシミュレートしながら、自分なりの練習をしていたようだ。あるとき、彼の手が机の端から滑って前方に飛び出した。ブルースは正しく前方に圧力をかければ、黐手《チーサオ》で有利になると考えるようになったという。

5 ブルースは、カリーム・アブドゥル＝ジャバーのようなはるかに大きな相手に黐手《チーサオ》は効果がないことに気付いたこともあり、その修練から遠ざかっていった。その代わりに、彼は間合いを詰めて攻撃できるまでに成長した。

シアトルのブルー・クロス駐車場での練習、1961年後半から62年初頭
デイビッド・タッドマン提供

4章　ブルースの型の根源

グンフー（功夫）とは、数多くの中国武術の流派とその分派を包括する総称だ。この言葉自体は、「技術」や「努力による達成」といった意味であり、料理や大工仕事といった他の技術にも応用できる。私の記憶では、ブルース自身がグンフーを「仕事」と訳していた。グンフーの、より正式な中国語表現は、ウー・シュー（武術）となる。

ブルースが当時教えていたグンフーは、中国武術全般のことではなかった。それは詠春拳として知られる特定の流派だった。しかし当時でさえ、ブルースは詠春拳のスタイルや教え方について、端々に手を加えていた。

グンフーの流派やスタイルはさまざまな方法で分類されている。そういった分類法の中でも、宗教的な起源（仏教か道教か）や、主な用途（蹴り、打撃、レスリング、組技）、あるいは「外家拳」か「内家拳」（強さや格闘技術とは対照的に、バランス、優雅さ、リラックスといった「内的」な資質を高める練習に集中する）に従って流派が分類されることもある。また、カマキリ、白鶴、酔猿など、さまざまな動物の動きを模倣した流派もあった。

流派の多くは、仏教寺院である少林寺の格闘僧によって確率された技に由来している。中国河南省の嵩山《すうざん》の麓にある少林寺の歴史は、五世紀にまで遡る。そして、武術の代名詞となり、禅宗発祥の地としても知られている。

連続テレビドラマ『燃えよ！　カンフー』の放浪僧は、少林寺で学んだユーラシア人として描かれていた。この役はブルースのために作られたようなものだった。彼がロサンゼルスに住み、ハリウッドに進出しようとしていたとき、その役を得るためにあらゆる手を尽くしたが、デイビッド・キャラダインに譲られた。なぜなら、おそらく、当時のアメリカの観客はアジア人の主演俳優を受け入れようとしなかったからだ。

ブルースは「硬い」流派と「柔らかい」流派について語っているが、太極拳は後者の代表的な例だった。私たち生徒は、強力に旋回するラウンド・ハウス・パンチ（回し突き）を持つ蔡李佛《チョイ・レイ・ファット》（さいりぶつ）や、洪家《ハン・ガ》のような「硬い」流派の技も習った。ブルースの分類は、時々使った「内家拳」と「外家拳」の二分法に似ているが、彼は硬軟の使い分けを少し変えているようだった。例えば、太極拳は「内家拳」の典型であり、ゆっくりとした動きの中で型を練習し、内気（内部の「エネルギーの流れ」）を重視する。一方、少林流（少林拳）はパワーと爆発的な動きに重点を置いており、通常は「外家拳」と考えられている。しかし、詠春拳は少林流から派生したとはいえ、ブルースのものは明らかに「柔らかい」流派であり、その意味では太極拳に似ているとブルースは考えていた。いずれにせよ、ほとんどの流派は明らかに「外家拳」と「内家拳」、硬軟両方の要素を持っている。

ブルースは、香港で詠春拳に落ち着く前に、太極拳（父親が練習していた）を含め、さまざまな流派のグンフーを観察し、おそらく非公式に学び、蟷螂拳《とうろうけん》（カマキリ拳法）も学んだだろう。また、他の流派の生徒とも戦ったに違いない。講義の中で、ブルースがさまざまな流派があることを教えてくれたので、それらを垣間見ることができた。時にはその長所と短所についての解説もあった。彼が蔡《チョイ》李佛《・レイ・ファット》の動きを実演したのを覚えている。彼が言うには（そして彼が見せたように）蔡李佛《チョイ・レイ・ファット》はとてもパワフルで、上半身をひねりながら繰り出す、鞭のようなラウンド・ハウス・パンチ（回し突き）や裏拳があった。ブルースによれば、それは複数の相手と戦うのに非常に有効で、攻撃するのも防御するのも難しいという。しかし、ブルースも指摘しているように、相手がラウンド・ハウス・パンチで攻撃し、体を回転させて裏拳で追い討ちをかけてくると、後頭部が露出することがあった。ブルースは、あたかも架空の相手と戦うかのように、さまざまな技の練習に使われる様式化された一連の動きを通して、太極拳と蟷螂拳《とうろうけん》の技を披露してくれた。

〓〓〓〓

私はこの章の見出しを「ブルースの型の根源」としたが、ブルースは自分の流儀を「型」と呼ぶことに異論を唱えただろう。彼は、さまざまなグンフー流派が実践している型は「塗り固められた古典主義」だと、よく言っていた。ブルースは、それぞれの流儀や技法は厳格すぎると考え、流派を超越した「道」（タオ）を信奉していた。しかし、彼の流儀のルーツは特定の型にあった。

ブルースは他の流派の型や動きを簡単かつ華麗にデモンストレーションすることができたが、彼が香港で葉問《イップ・マン》から学んだのは詠春拳だった。「柔らかい」流派の一つであるこの流派は、三百年ほど前にこの特殊な流派を発展させたとされる女性、厳詠春《イム・ウィンチュン》からその名を取っていた。

伝説によれば、厳詠春《イム・ウィンチュン》は美人で、度々望まぬ求婚者の注意をかわしていたという。そのうちの何人かは特に不愉快な輩で、彼女は有名な少林寺の尼僧、ン・ムイ（五枚）に、彼らを寄せ付けないために使える技を教えてくれるよう頼んだ。ン・ムイは、彼女が抱えている問題を解決するために、いくつかの少林流の要素を組み合わせ、厳詠春《イム・ウィンチュン》が効果的に使える技を考えたとされ、それが現在の詠春拳の流派として受け継がれている。他のいくつかのグンフー流派も、その系譜をン・ムイに遡る。

私の記憶では、ブルースは詠春拳の起源について説明したことはない。実際、彼は一度か二度、詠春拳が女性によって創始されたことに触れただけだったと記憶している。私は、その伝説は詠春拳の全体的な特徴を見事に説明していると実感した。さまざまな流派の「硬い」と「柔らかい」という二分法はやや誤解を招きやすいが、詠春拳のスタイルは柔らかい動作を象徴しているように思えた

詠春拳のブロックは、硬いバリアで打撃を受け止める「硬い」ブロックではなく、打撃をそらすものだった。蹴りやパンチを真正面から受ける場合でも、強固な壁ではなく、バネのように、打撃を吸収する開いた手のひらを使うことが多かった。また、膝や股間、こめかみ、眼球といった柔らかい標的にもダメージを与えるように設計されており、腕力の優位性は抑えられていた。

しかし、詠春拳を「柔らかい」と評するのは、ある一点においてのみだ。「柔らかい」とは「弱い」という意味ではない。ブルースの有名な「ワンインチ・パンチ」の実演を見た者なら誰でも、彼のパンチテクニックが生み出す途方もないパワーがわかるはずだ。

詠春拳には、少年だった私を魅了し、さらに今も魅了し続けている他の特徴もある。詠春拳は、すでに半分伸ばした腕で集中力を発揮できるストレートパンチを重視していた。直線は二点間の最短距離であり、始点はすでに標的の中間地点にあることを利用していた。対照的に、教室でよく練習されるような、腰や肩から始めるパンチや、ラウンドハウスなどの曲線の軌道を描くパンチを使う流派もあった。ボクシングのジャブでさえ、詠春拳のパンチほどストレートではなかった。特に、肘を下に向け、やや内側に入れて繰り出す詠春拳のパンチは、肘を上に丸めて外側に出すジャブよりもわずかに短い距離で放たれた。

私が初めてブルースに会ったとき、彼はすでに蟷螂拳《とうろうけん》の要素を取り入れるため、詠春拳の構えと技を微妙に調整していたようだ。後年、ブルースは他のパンチやテクニックを取り入れた。例えば、彼が観たボクシング映画に由来するフックは、ストレートパンチが通用しない接近戦で非常に効果的であることにブルースは気付いた。しかし、彼の流儀の核心は詠春拳であり続けた。そして当時の私にとって、それは究極の格闘方式に見えた。

＝＝＝＝＝

私がグンフーを始めた頃にブルースが教えてくれた基本的な構えは、彼がディン・ボウ（丁歩）と呼んでいたもので、私が慣れ親しんでいたボクシングの構えとはまったく違っていた。私は右利きでボクシングをやっていた。つまり、左側を相手に向けて立ち、左手を前に出してジャブを出し、右手（強い方の手）は肩の高さで後ろにコックした。上半身はやや前傾し、体重は足の甲にかける。あごは下げ、左肩の下に入れる。フットワークは前や後ろと同じように、横から横へ、円を描くように動いた。

対照的に、ブルースが教えていた構えは「左利き」の構えで、右腕（強い方）を前に出し、肘を入れ、手のひらを開いて内側に向けるが、角度は上に向ける。ベルトの上だけでなく、下からの蹴りや打撃も防がなければならないため、左手は腰の高さに添え、手のひらを下に向ける。膝はボクシングの構えと同じようにわずかに曲げていたが、体重の七十パーセントほどが後ろ足（左足）にかかっており、そのため蹴りの際に前足（右足）をより素早く上げることができた。また、胴体は後ろ脚（左脚）を中心に直立したままである。右前脚の膝と足は、蹴りから身を守るためにわずかに内側に向けられ、かかとがかろうじて地面につく程度であった。

ディン・ボウ（丁歩）では、どの方向にも素早く動くことができるが、実際にはボクシングほど横の動きは少なく、ボビングやウィービングしたりすることはなかった。構えはより「しっかり立つ」もので、より中心を意識し、動くときは腰に力を入れる。教室での私のメモにはこう書かれていた。「腰は体の動きの主なバネとなる。手足の動きはゆっくりと短く、腰の動きは自由で長い。腰は動きの上で重要。腰で攻撃を打ち消す。前進するときも後退するときも、腰は意識的に下げる」

馬の構えのマ・ボウ（馬歩）と、弓の構えのグン・ボウ（弓歩）も習ったが、ディン・ボウ（丁歩）は私たちが主に練習し、スパーリングで使う構えだった。

馬の構えは非常に安定した構えで、両足を曲げて体重を両足に均等に分散させる。これはいくつかのグンフー流派の基本的な構えで、ある古い流派では昔、最初の二、三年は授業中、生徒は馬の構えの姿勢で立っているだけだったと聞いた。それはブルースのグンフー指導の考え方ではなかった。浅い馬の構えは黐手《チーサオ》を練習するときに使った。瞑想するときは馬の構えを深くした。しかし、それ以外のことには馬の構えを使わなかった。

弓の構えでは、体重のほとんどが前方の脚にかかり、曲げた膝と前足は少し内側に向け、後方の脚はまっすぐ後ろに伸ばす。この構えはいくつかの準備運動の一つとして使ったが、技の練習やスパーリングでは使わなかった。

後で知ったことだが、私たちが教室で練習したディン・ボウ（丁歩）の構えは、伝統的な詠春拳の構えではなく、もっと真正面の構えだった。ブルースが右足を前に出すように構えを変えたのは、フック・イェンや他の誰かによるものなのか、それとも彼自身の読みによるものなのか分からないが、どうやらその方がブルースには合っているようだった。また、シアトルで教え始めた当初（一九六〇年初頭）には、もっと構え方を変化させていたようだ。しかし、その一年半後に私が教室に参加した頃には、生徒はブルースのディン・ボウ（丁歩）のバリエーションとしてバイ・ジョン（擺樁）、つまり手を前に出す「始動の構え」を習っていた。

後年、ブルースはボクシング映画の影響もあってか、構えを緩め、腕だけでなくフットワークの面でも、より多くの動きを許容するようになった。映画のために大げさにしたのだろう。踊りまわったほうがエキサイティングに見えるからだが、彼は伝統的な詠春拳の構えよりも足取りを軽くしたかったのだ。截拳道《ジークンドー》を自分のトレードマークのスタイルとして確立する頃には、両手をボクサーのように構えるようになった。

ブルースのバイ・ジョンの進化は、トミー・ゴングの著書『Bruce Lee: The Evolution of a Martial Artist』に簡潔に書かれている。シアトル時代のディン・ボウ（丁歩）はターキー・キムラによって描かれ、オークランド時代の足の位置が少し動くことはアレン・ジョーによって描かれている。また、ロサンゼルスで截拳道《ジークンドー》を教えていた頃の、よりボクサー的な構えはテッド・ウォンによって描かれている。しかし、ブルースは終始右手（強い方の手）を前に出したままだった。

詠春拳は、特定の哲学的な見解に根ざしていた。ブルースは授業中、しばしば哲学の解説に時間を割き、陰と陽という道教の文脈の中に詠春拳の哲学を位置付けた。詠春拳の柔らかさに関して、彼は「柔らかく、しかし屈せず、しっかりとしていながら、硬くなく」あるべきだと好んで語った。彼が気に入っていた言葉がいくつかある。例えば「水のようであれ。水はそれ自体形を持たないが、容器の形に納まる。水は柔らかいが、最も硬い岩を貫通する。それをつかんだり、打ったりすることはできない」などだ。

ブルースの詠春拳の師である葉問《イップ・マン》は、詠春拳は単なる身体的な技ではなく、精神的な要素も同様に重要であることを常にブルースに印象付けようとしていた。葉問《イップ・マン》はブルースに「リラックスして心を落ち着かせ、無心になる術を学び、自分のことを忘れて相手の動きに従い、あまり熟考しすぎずに」と説いた。

しかし、それは「言うは易し行うは難し」だった。ブルースは、葉問《イップ・マン》の助言で瞑想のために一週間休みを取ったが、ついに諦めて一人でジャンク船に乗って港に漕ぎ出し、心を解きほぐした、という話をしていた。自分のトレーニングのレベルについて考え、自分自身に腹を立てた彼は、水面を殴った。その瞬間、彼は水こそがグンフーの真髄だと悟った。彼は思い切り水を打ったが、傷ひとつ付かなかった。手で水をつかもうとすると、指をすり抜けた。水は柔らかそうに見えるが、最も硬い岩をも貫くことができる。

最初は、哲学的観察も瞑想と同じで、興味をそそられるものではあったが、特に実用的なものではなかった。しかし、それが発展するにつれ、哲学的な裏付けは単なる哲学的なものではないことが判明した。それはまた、グンフーの技の効力を高めるために、直接応用することもできる。

例えば、パァク・サオ、つまり平手打ちだが、私たちは、中距離から右ストレートパンチを出す練習をしたが、遠くからでも出すことができた。このパンチは、左手を相手のガードに叩きつけると同時にパンチが繰り出され、パンチが相手の顔面に直接、妨げられることなく流れるようになっていた。両手で同時にパンチと平手打ちを出そうとすると、相手に次に何が来るのか簡単に知られてしまう。ブルースは、相手と対峙するとき、鏡のように平らで、静かな池のような心をイメージすることで、思考を落ち着かせることを教えてくれた。そして、何の前触れもなく静寂の中から平手打ち（パァック・サウ）を噴出させることも教えてくれた。このイメージは、相手が反応する前に相手の防御を突き破るような突発的な一撃を生み出すのに大いに役立った。

ブルースの友人でありテコンドーの達人であるジュン・リーは、ブルースから学んだ、相手が反応できる一瞬前に繰り出すパンチをモハメド・アリに教えたという。私は、心を静めることがそのパンチを繰り出す基礎になったと信じている。

私の手書きのメモには、道教のような戒めがいくつも書かれている。「自分自身に関しては何も確立するな。ありのままでいい。水のように動き、鏡のように休み、こだまのように反応し、存在しないように素早く過ぎ去り、心静かに純粋であれ。得る者は失う。人に先んじず、常に従え」。しかし、それ以外にもさまざまな教えが含まれていた。

ある日、ブルースが正しい姿勢や呼吸法を説明し、またある日は、ルールやエチケットについて話してくれた。「先生のアドバイスに従いなさい。敬意をもって接すること。人と接する時は寛容さと優しさを示し、グンフーの原則に従って行動しなさい」と。彼は、型[1]の正しい練習方法、体の部位別の具体的な必要条件[2]、相手の反応時間を長くする技などを指導した。例えば、相手がバランスを崩したり、息を吸ったり、一つの動きに集中しているときに動くこと、手と足を同時に出すなど複合的な刺激を与えること、大声を出したり、拍手をしたりすることで精神的に相手のバランスを崩させること、そしてさまざまな技に対する正しい用語を教えた。

　私のノートには、十種類のパンチ、すなわちグワ・チョイ（裏拳）、ペク・チョイ（槌拳）、チュン・チョイ（ストレートパンチ）、ラウンドハウス・サオ・チョイ（回し突き）など、さまざまな種類の打撃の用語も列挙されている。

　長年にわたり、ブルースは常に武術の概念的な枠組み、彼が截拳道《ジークンドー》と呼ぶようになった有機的で総合的な流儀に取り組んできた。截拳道《ジークンドー》は「迎撃拳の道」と訳され、「道」は道教の道や柔道の道と同じ字である。しかし、彼はそれを自分の行動を決める「道」ではなく、むしろ一生をかけて旅する「道」だと考えていた。

　ブルースは、当時の多くの修練者が教えていたグンフーのやり方を好んで揶揄していた。彼の見たところでは、各グンフー流派は秘伝の技を固く守り、その流派を究極の武術として宣伝していた。彼は伝統的なグンフー流派の堅苦しさにはがゆさを感じており、グンフー修行者たちを嘲笑していた。彼らはタイに渡り、実践的なトレーニングに励むタフなタイ人ボクサーたちに完膚なきまでに叩きのめされることもあったという。自分の教室では、不必要なものを取り除き、実戦で使えるような方法で技を教えようとした。

ブルースは最終的に、詠春拳は多くの点で強力であり、非常に実用的な格闘方式でありながら、それ自体に、まだ限界があると判断した。しかし、彼の考え方や格闘方式が徐々に進化していることは、私が大学に進学し、数カ月の休暇の後、定期的にシアトルに戻ってきたときに初めて明らかになった。そして、彼が進化しても、詠春拳は彼の截拳道《ジークンドー》の核であり続けた。

1 すべての考えを捨てる。出ている手のすぐ前に目を向ける。相手が目の前にいると想像する……口を閉じる。鼻で呼吸する。舌を口蓋に押し当てる。肩を下げる。肘を下げ、首をまっすぐにする。胸と背中を自然な位置に保つ。腰を緩める。無理に力を入れない。

2 例：体幹―胸を引き込み、背中は真っすぐに。腹式呼吸ができるようにする。この姿勢は猫背を意味するものではなく、自然なものである。胸の筋肉は完全にリラックスさせ、呼吸を整える。

5章　私の名前は白馬徳（Baak Ma Dak）

六十年代は文化の変革期だったが、一九六一年のシアトルでは、変化の風がどれほど大きなものになるかはまだ明らかではなかった。ガーフィールド高校に通っていたジミ・ヘンドリックスは、私がブルースに出会う数カ月前に中退しており、まだ有名になっていなかった。高校を卒業してすぐに陸軍に入隊し、アラバマ州の基地に配属された日系三世の友人は、白人用のトイレを使うか黒人用のトイレを使うか、片足跳びで行ったり来たりしたという話を聞かせてくれた。彼は軍隊仲間と白人、黒人の両方のバーやナイトクラブに行ったが、入れてもらえなかったのは黒人のバーだけだったという。彼が、「自分は白人ではない」と抗議すると、バーの店員に「あんたが何者か知らないが、警察とのトラブルはごめんだ」と言われたそうだ。

ガーフィールド高校では、自分たちがいかに多様性に富み、寛容であるかを自画自賛していたが、同時に自分たちが一種の泡の中にいることにも気付いていた。シアトルの住宅市場は分離され、いくつかのグループがその壁を壊そうとしていたとはいえ、境界線は厳しかった。この街は、西側のピュージェット湾と東側の長い湖に挟まれた、やや横長の砂時計のような形をしており、ダウンタウンは海側の斜面を上ったところに位置する。黒人の居住はダウンタウンと東の湖の縁を走る尾根の間の谷間、セントラル・エリアに限られていた。一方、アジア人の移住は、ダウンタウンの南端にあるチャイナタウンと、隣接するビーコン・ヒルなど、いくつかの地域に限られていた。シアトルのプライベート・クラブは、市内のビジネス・クラブやアスレチック・クラブ、郊外のゴルフ・クラブやカントリー・クラブを含め、非白人はもちろん、ユダヤ人さえも入会を認めていなかった。

ガーフィールド高校の学区域には、セントラル・エリアとチャイナタウンが含まれていたが、湖畔に隣接する白人地域も入っており、その中にはブロードムーアと呼ばれる、専用のゴルフコースを持つゲーテッド・コミュニティ（周囲をゲートとフェンスで囲った高級住宅地）もあった。ブロードムーアに住む白人のうち、私立校に通わなかった（あるいは私立校から追い出された）生徒がガーフィールドに入学したため、学校の多様性は経済的なものだけでなく、人種的なものにも及んだ。高校三年のとき、ボクシングの元世界ライトヘビー級チャンピオン、アーチー・ムーアが講演した集会のことを覚えている。彼は聴衆を見渡し、「色とりどりの花が咲き乱れる美しい庭を眺めているようだ」と言った。時には人種の違う子供たちが巻き込まれる喧嘩もあったが、たいてい、人種というより個人的な問題が発端だった。とはいえ、人種は微妙な、あるいはそうでない形で問題になっていた。

スポーツチームやその他の学生活動は人種が混ざっていた。ゴルフ、テニス、スキーのチームは白人が多かったが、フットボール、バスケットボール、野球のチームは生徒の多様性をよりよく反映していた。フットボール・チームは市内で最高の成績を度々収め、バスケットボール・チームは何度も州大会で優勝した。しかし、グラウンドの外や授業以外では、生徒たちは人種に沿った付き合いをする傾向があった。ランチルームでは、生徒たちは男子席と女子席に分かれて座っていた。それぞれの席で、黒人は黒人と、アジア人はアジア人と、白人は白人と一緒に座るのが普通だった。中国系アメリカ人や日系アメリカ人でさえ、他の人種と付き合うことはめったになかった。このような社会的分離は、ボーイスカウトや教会といった他の組織にも反映されていた。育った地域が違うということもあるが、経験を共有しているということもある。例えば、日系三世の私の友人のほとんどは、第二次世界大戦中、アイダホやカリフォルニアの片田舎で、日系アメリカ人のために設けられた強制収容所、

「リロケーション・キャンプ」と婉曲に呼ばれる場所で生まれた。

＝＝＝＝＝

高校三年生の一年間と翌年の夏まで、私はグンフーに打ち込んだ。どの授業でも、新しい技や、より効果的に技を繰り出す方法など、新しい発見があった。一部の中国人生徒を除けば、ガーフィールド高校では誰もグンフーを知らなかったが、次第に噂が広まっていった。みんなジョークを言って、グンフーを笑い飛ばしていたが、元アメフト選手の巨漢の教師、クロード・ウィルソンもその一人だった。彼は私に「エッグ・フーヤン（かに玉）のようなものか？　ミネソタのヘイメイカーに耐えられるのか？（強烈な一撃に耐えられるか）」と尋ねた。

何人かの友人は私の技を試してくれたが、真剣ではなかった。ある友人はかなり熟練したボクサーで、「これ」に対してグンフーはどうするのかと聞いてきた。彼は私の近くに立ち、何の前触れもなく私の頭と体にパンチの嵐を放った。私は何も考えずに詠春拳でパンチをブロックした。友人は感心したようだったが、本当に驚いたのは当の私の方だった。ボクシングのコンビネーション・パンチに対抗する訓練はしていなかったし、もしパンチが来るとわかっていたら、あるいは彼が二発目のコンビネーションを放ってきたら、私はブロックを効果的に使えなかっただろう。

学校の廊下にいた別の知人は、手に棍棒のようなものを持って攻撃するふりをした。彼が近付くと、私は彼の股間一インチ（約三センチ）以内にストレートキックを叩き込んだ。彼は直ぐ動作を止めて、困惑した表情で自分の股間のあたりを見下ろした。彼はブロックするどころか、反応する前に私の足が地面に戻っていることに気付き、挑発をやめた。

その年、私が実際にグンフーを使いそうになったのは、他の生徒とちょっとしたことで対立したときだけだった。給食時間を延長してもらった見返りに、私は給食室の列の一つひとつを監視する仕事を与えられた。その仕事は十五分ほどで、主に人が列に押し寄せないようにすることだった。

ある日、フロイドという名の、クラスで一緒だったが、あまりよく知らない生徒が、仰々しく列の先頭に割り込んできた。私は無視できないと思い、彼に最後尾に下がるように頼んだ。彼は、私に時間を作れと言った。私は「忙しいが、もし昼休みが終わるまで待ってくれるなら、喜んで外で会おうと」答えた。彼はうなずき、列の外に出た。

その後、フロイドが友人と相談しているのに気付いた。少しして、列が短くなってくると、彼は女子席で女の子たちとおしゃべりしていた。私は共通の友人に、フロイドはまだ自分と話し合いをしたいのかと尋ねた。すると、その友人は、「フロイドは、君を逃がしてやると言っているよ」と報告してくれた。後で知ったのだが、フロイドが仲間に外で私と会うつもりだと告げると、仲間は私のことを「こんなことをした奴だ」と、いろいろと真似しながら空手チョップを彼に見せたのだそうだ。これほどまでに自分の噂が広まったことに驚いたが、結果にはとても安堵した。

〓〓〓〓〓

ブルースは早い時期から私を指名し、さまざまな場所で行われるデモンストレーションに参加させた。これは間違いなく、私に特別な才能があったというよりも、仕事や家庭を持つ生徒たちよりも私の方が自由な時間が多かったからだろう。

ともあれ、私がグンフー教室に加わってからも、ブルースのデモンストレーションは続いた。その一つは、一九六二年の夏、チャイナタウンの講堂で開催された中国人観客だけの、ある種のページェントで、私たちはブリティッシュコロンビア州バンクーバーまで車を走らせた。ブルースが人種に関係なくどんな生徒でも歓迎するという、それまで当たり前だと思っていたことが、中国の格闘技界では異常なことだったのだと、私はそのデモで初めて気付いた。

ステージに上がる前に、私たちはいつもの練習をした。デモンストレーションの一部は、私とジェシー・グローバーの短い振り付けによる「スパーリング・マッチ」で構成されていた。試合はブルースが審判を務める三ラウンドだった。各ラウンドでは、どちらかが決定的な一撃を決めるまで、フルスピードで、パンチとキックを出しながら、いくつかの技とカウンターの技が繰り広げられた。私たちはそれぞれが一ラウンドを制し、三ラウンド目で引き分けになるように振り付けをした。三ラウンド目、私たちは少しスパーリングをした後、ジェシーがパンチを放った。私はパンチをブロックし、カウンターのストレートキックを股間に突き出した。

ジェシーはブルースの最初の教え子で、私よりずっと年上だった。だから、私は彼が試合に勝つべきだと思って、そのような意味のことを言ったが、二人ともその提案を振り払った。気にするようなことでもなかったのだ。これは単なるデモンストレーションで、本物ではなかったし、誰もエゴをむき出しにしなかった。デモンストレーションの後、ブルースが地元の中国語新聞のライターからインタビューを受けていたとき、私の苗字をどう説明したらいいか困っていた。私が名字を伝えると、彼

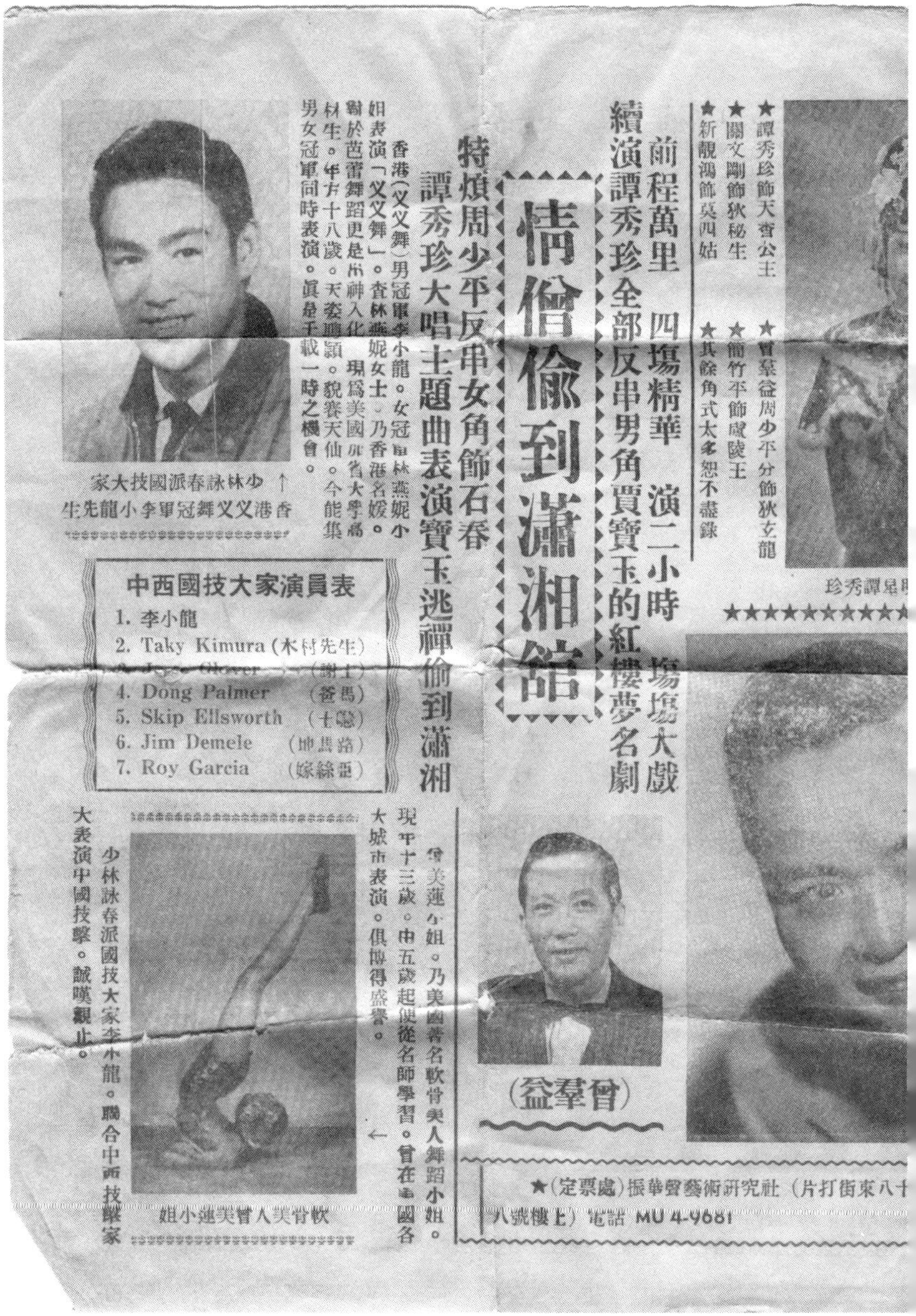
★譚秀珍飾天香公主
★曾羣益周少平分飾狄玄龍
★關文剛飾狄秘生
★簡竹平飾威陵王
★新靚鴻飾莫四姑
★其餘角式太多恕不盡錄
明星譚秀珍
前程萬里 四場精華 演二小時 場場大戲
續演譚秀珍全部反串男角賈寶玉的紅樓夢名劇
情僧偷到瀟湘館
特煩周少平反串女角飾石春
譚秀珍大唱主題曲表演寶玉逃禪偷到瀟湘
香港(义义舞)男冠軍李小龍。女冠軍林燕妮小姐表演「义义舞」。查林燕妮女士。乃香港名媛。對於芭蕾舞蹈更是出神入化。現爲美國加省大學高材生。年方十八歲。天姿聰穎。貌賽天仙。今能集男女冠軍同時表演。眞是千載一時之機會。
↑少林詠春派國技大家
香港义义舞冠軍李小龍先生
中西國技大家演員表
1. 李小龍
2. Taky Kimura (木村先生)
3. [illegible] Glover (謝士)
4. Dong Palmer (爸馬)
5. Skip Ellsworth (士隱)
6. Jim Demele (坤甚路)
7. Roy Garcia (嫁綠亞)
曾美蓮小姐。乃美國著名軟骨美人舞蹈小姐。現年十三歲。由五歲起便從名師學習。曾在美國各大城市表演。俱博得盛譽。←
少林詠春派國技大家李小龍。聯合中西技擊家大表演中國技擊。誠嘆觀止。
軟骨美人曾美蓮小姐
(曾羣益)
★(定票處)振華聲藝術研究社(片打東街八十八號樓上)電話 MU 4-9681

1962年8月9日、バンクーバーB.C.で行われたグンフー・デモンストレーションの新聞記事は左手の手のひらに人差し指を突き立てて、“PALM-er?”と繰り返した。ずっと後になって、このデモンストレーションをめぐる話題は、ブルースの際立った実力や、彼が中国人以外の人々に中国武術を教えているということだけでなく、中国人コミュニティの中心に私たち（中国人ではない）を連れてきて、中国人の武術のデモンストレーションを手伝わせていることだった、とわかった。

バンクーバーまでの旅の後、私は中国名を手に入れた。私たちのデモンストレーションについて書かれた中国語新聞の記事には、私の名前が三つの漢字で表記されていた。外国人の名前を中国語で書くときによくあることだが、意味にはこだわらず、名前の音に近い文字が選ばれる。Dak（ダックと発音）に当てられた漢字は「徳」で、Pa Ma（パマ）と読む二つの文字は父馬となった。中国語では苗字が先に来るので、パマ・ダックはパーマー・ダグに近くなる。

しかし、ブルースは私の名字には満足しなかった。彼は、音は近くなくても、より華やかで、より威厳があるとして、白馬徳（Baak Ma = White Horse）を提案した。それ以来、私はそれを自分の中国語名として使っている。

＝＝＝＝＝

グンフーの動きはどれも正確だったが、アクシデントは避けられなかった。私が最も鮮明に記憶している事故は、ジェシー・グローバーとスパーリングをしたときのものだ。私は無意識のうちに蹴りが引かれていることを知っていたので、ブロッキングのテクニックに注意を払わないことがあった。ある集会で、彼は私の股間にストレートの蹴りを放った。私は動き始めていて、手がきちんとブロックできるほど腰を低くしていなかった。股間への思い切ったストレートキックは、いかに深い衝撃を与えることかを私は実体験した。

またあるときは、二列に並んで攻守交代でさまざまな技を練習した。そのとき私たちは、ルビー・チョウ・レストランの近くにある屋根つきのブルー・クロスの駐車場で汗を流していた。特に練習していたのは、チャップ・チョイ（ナックル拳）とグワ・チョイ（裏拳）のコンビネーションだった。攻撃は私の番だった。

攻撃側の最初のステップは、チャップ・チョイ、つまりナックルで防御側の肋骨に低いパンチを打つことだった。防御側は右前腕を下方に振って攻撃側の左手をブロックし、攻撃側は左腕で防御側の右肘を押さえつけると同時に、右手を引いてグワ・チョイ（裏拳）を頭部に放つ。防御側は、顔の前と右側を左手の手のひらで裏拳をブロックすることになっていた。攻撃と防御の一連の流れは、正しく行われれば、一つの動きから次の動きへとスムーズに流れていく。

私がペアを組んだのは、最近この教室に加わったばかりの筋骨隆々の大柄な柔道家で、体重は九十キロを優に超え、私より十五キロも上だった。しかし、彼はあまり乗り気ではなく、実際、与えられた指導をほとんど聞き流しているようだった。私がチャップ・チョイを繰り出すと、彼は右腕をぎこちない動きでブロックした。再三の指導にもかかわらず、彼はブロックをうまく落とそうと懸命になっているようには見えなかった。その結果、私はチャップ・チョイとそれに続く裏拳をもっと素早く出し、彼が右腕を振り出して裏拳の展開を防御してくる前に、彼の肘を固定することにした。

裏拳には二種類があった。一つは拳の甲側全体を使って顎や側頭部を打つもの。もう一つは目突き

（鳳眼拳）で、曲げた人差し指を出っ張らせ、親指を曲げた指の側面に押し付けて拳を固める。この技では、一本の指が突き出た状態でこめかみに打撃を与えられる。私は二番目の技を使った。

スピードアップした連打を繰り出し、裏拳に転じたとき、私は相手の左手がブロックに間に合わないことに気付いた。私はギリギリのところで打撃を抜こうとしたが、拳が相手のこめかみを打った。かろうじて触れたと思った私は、手を伸ばして謝ろうとした。しかし、彼はすぐに頭を抱えて、駐車中の車に倒れこんだ。彼の膝は震え、目は交差しては離れ、また交差した。ブルースが歩み寄ってきて、何があったのかと尋ねた。私が説明すると彼はうなずいた。「もう少し気をつけろよ」と言って、列から離れた。

彼がまっすぐ立って練習を再開するまで、少なくとも十分はかかった。それまでは、こめかみを強打した場合の影響は、本に書かれているように大したことではないと思っていた。しかし、現実を見て、その技がいかに致命的なものであるかを思い知らされた（その柔道家はその後すぐに教室から脱落した）。

ブルース自身でさえ、距離感を見誤ることがあった。あるとき、ブルースは私にシン・ジュン（扇掌）という技を教えてくれた。この技はパァク・サオ（平手打ち）のカウンターにもなり、パンチを左手で捉え、伸ばした腕で右の手のひらを相手の頭の横に出し、少し体を傾けて横を向く。ブルースはパンチを放った後、私がカウンターを打つと、さりげなく頭を三センチほど後ろに動かして私の手を避けた。しかし、私の腕は長く、指先が彼の頬をかすめた。もっとスピードとパワーがあったとしても、ダメージはなかっただろう。しかし、ブルースは驚き、明らかに不愉快そうだった。彼は顔をしかめ、私の腕が思ったより長い、とつぶやいた。

その数年後、さらに深刻な判断ミスは、ターキー・キムラを失明させるところだった。当時、練習はワシントン大学地区で行われ、私は大学を休んで家にいた。ブルースは教室の全員にパンチのデモンストレーションをしていた。彼は、当時、師範代だったターキーを使ってパンチを披露した。しかし、実際にパンチを繰り出すとき、ブルースは生徒に向き合って解説していた。パンチはほとんど見えないほど速かった。ターキーは頑丈なメガネをかけていて、パンチは数ミリずれていたが、レンズの片方が粉々に砕け散った。ターキーはすぐに目をつかみ、声も出さずに前かがみになった。幸い瞬時に反応して瞬《まばた》いたのだろう。ターキーはガラスの破片をいくつか眼球から取り除いたが、後遺症はなかった。二人とも何事もなかったかのように練習を続けた。結局、ブルースが練習後に車でターキーを救急病院に連れて行った。

ブルースは映画の撮影中にも何度か事故に遭い、その中には割れた瓶で手を切り、縫ったこともあった。事故はお決まりではなく、間違いなく例外だった。しかし、それらは「猿も木から落ちる」という日本のことわざを物語っている。

≡≡≡≡≡

私たちが授業で見た唯一の道具は、ブルースが黐手《チーサオ》の練習と前腕の強化に使った木人椿《もくじんとう》と呼ばれるチーク材の運動器具だった。これは、三本の腕が突き出た胴体と、脚を模した下部の突起でできていた。全体がバネでフレームに吊り下げられており、叩くと少したわむようになっていた。ブルースは激しい力でダミーを叩いたが、生徒たちはあまり使わなかった。ブルースが天井から吊るしてアイ・ジャブの練習に使っていたローン・レンジャーのマスクも見た記憶がある。

伝統的にグンフー学校では、さまざまな種類の剣や槍など、武器を使った技を教えてきた。しかし、ブルースはそうしなかった。実際、私が覚えている唯一の武器は三節棍《サム・ジ・グァン》で、ヌンチャクのような武器だが、二節ではなく三節がある。ブルースが三節棍でさまざまな技をデモンストレーションしていたのは覚えているが、授業で教えることはなかった。おそらく彼は、三節棍、さらには剣や槍は、現代社会では実用的な価値が低いと考えていたのだろう。

ブルースの兄、ピーターはフェンシングの達人だった。ブルースは截拳道《ジークンドー》でフェンシングのテクニックを取り入れていたようだが、私は彼がラピエリや中国剣を使うのを見たことがない。

その後、ロサンゼルスに移り住んだブルースは、ダン・イノサントからヌンチャクを紹介された。私はそれについて彼と話したことはないが、彼は自分の映画のためのクールな武器としての可能性に気付いたのだろう。一度使うと決めたら、ブルースはそれをマスターしようとした。彼はすぐにその使い方に熟練し、自分のものにした。しかし、彼が生徒に教えたかどうかはわからない。

ここ数年、何度か友人たちから、「ブルース」がヌンチャクでピンポンをしているらしい映像のインターネットリンクが送られてきて、それが本物かどうか尋ねられた。ブルースの反射神経と調整能力をもってしても、あんなに正確にヌンチャクを振り回すことが信じられないという以外に、私の答えの根拠となるものは何もない。そこで、私はいつも「映像は偽物だ」と答えていた。その映像は、二〇〇八年（ブルースの死後何年も経っている）にノキアの広告として作られたものだとネットで読んだ。しかし、その映像はよくできていたし、ブルースのヌンチャクを使った魅惑的な技術から、彼が実際にヌンチャクを使ってピンポンを打つことができると信じるのは、もっともなことだ。

今にして思えば、現代社会では無用になった武器の使い方を、ブルースが自分の教室で教えなかったのは理にかなっている。しかし、棍棒やナイフに対する防御技術を教えなかったのはなぜだろうと、私は時々不思議に思うことがある。香港で育った彼が慣れ親しんだストリート・ファイトでは、ナイフが使われることもよくあったはずだ。だが、ナイフによる攻撃に対抗する手立てを教えてもらったことはなかった。おそらく彼は、熟練したナイフ・ファイターから身を守るのは非常に難しいとわかっていて、防御テクニックを練習することで、誰かに誤った自信を植え付け、それが大怪我につながることを避けたいと考えたのだろう。

私が大学に進学した後のことだが、ブルースと付き合いのあった友人でグンフー仲間のランストン・チンは、三人の強面に声をかけられたことがある。ランストンが他の二人をやっつけた後、一人がナイフを突き付けてきた。ランストンは上着を破って前腕に巻きつけ、それでナイフを払いのけながら相手と間合いを詰めた。私はその動きはなかなか巧妙だと思ったし、ランストンが相手に打ち勝つためにに使ったグンフー技法とも相性がいいが、彼はグンフー教室で上着の動きを習ったわけではなかった。

同じように、なぜ銃を持った相手の武装を払いのける方法を教えなかったのか、不思議に思うことがある。前述したように、ブルースの最初の生徒の二人は、彼に銃の撃ち方を教えた。彼らによれば、「ブルースは生まれながらの射撃の名手」だった。しかし、ブルースが銃について語ったのはたった一回だけだった。それは、中国でピストルを携帯したハイウェイマンたちがとる特定の構えのことだった。私の記憶では、彼は左脇を少し前に出し、左腕を突き出すようなしぐさをしながら、右手は腰の高さでピストルを体の横に添えて立っていた。ブルースによれば、撃たれることなく銃を奪うために左腕を振り切るのは難しいという。一方、銃を相手の正面に構えても、相手との距離が近すぎれば、引き金を引く前に銃を手から叩き落とされるかもしれない。

スキップ・エルズワースは、ブルースとの練習で、六十センチ前後離れたところからキャップガンをブルースに向けてみたと話している。ブルースは両手を宙に浮かせ始め、スキップの目に指で鋭い突き（模擬的だったが）を入れてきたので、引き金を引くことはできなかった。ルロイ・ガルシアによれば、ブルースは二メートル離れたところからでも、相手の武装を撃破できたという。だが、教室ではそんな練習はしなかった。銃を持っている相手から銃を振り払うのは危険で、ブルースほどのスピードがなければ不可能だ。

ブルースがデモンストレーションに使った唯一の武器は槍だった。これは何年も後のことだが、彼が亡くなる前年に、私と妻が香港で彼とリンダを訪ねたとき、彼は九龍に新しい家を建てているところだった。当時の香港では空き巣が珍しくなく、高い壁や壁の上に割れたガラスが埋め込まれていても、空き巣が敷地内に侵入することがあった。ブルースは部屋の隅に立てかけてあった槍を手に取り、侵入者に対抗する技を見せてくれた。彼は槍をビリヤードのキューのように持ち、その先端を蛇の舌のように突き出した。私の記憶では、彼は侵入者がナイフを持っていた場合に備えて槍を用意していたのだと思う。香港では銃は珍しいが、ナイフは当たり前だった。ナイフに対抗できるとすれば、それはブルースだけだ。しかし暗闇では、彼でさえ防御しきれなかったかもしれない。

しかし一度だけ、本当に侵入者に立ち向かったことがあるという話を、ブルースから聞いたことがある。彼は槍や他の武器ではなく、横蹴りを使ってその男を退治した。どうやらブルースのアドレナリンが急上昇していたようで、蹴りを入れられた男は、中庭から半身を支えられて運び出されたが、外壁にもたれかかったままだったという。

＝＝＝＝＝

私が高校を卒業した後の夏か、大学に進学した後のある時期だったか、ジェシーはグンフー教室をやめた（ジム・デマイルとルロイ・ガルシアも同じ時期に教室をやめた）。ジェシーに何があったのか、ブルースに尋ねたことがあるが、曖昧な答えしか返ってこなかった。何年もの間、何度も考えたが、その理由がわからなかった。ジェシーがまだシアトルにいて、彼なりの格闘技を地味に教えていることは知っていた。私はブルースの功績を讃える追悼行事で、ジェシーと一、二度顔を合わせたが、それについて話したことはなかった。

ブルースより六歳も年上で、独立心旺盛で自由な考え方をするジェシーは、早熟で弟のようなブルースの側近になるのは難しいのではないかと思っていた。しかし、ジェシー自身の証言を読むと、そんなことはたいした理由ではなかったようだ。

ジェシーは、ブルースが請求し始めた会費を払えなくなったことが、教室に行かなくなった理由の一つだと語っている。正直なところ、ブルースがいつ会費を徴収し始めたのか覚えていないし、私が大学に進学した後だったかもしれない。

他の理由として、ジェシーが初めてブルースと練習したときと同じように、ブルースが教えなくなったこと、そしてブルースが授業中にみんなに自分を師傅《シフ》と呼ばせたがるようになったことなどが挙げられている。いずれにせよ、誰の目から見ても二人は友人であり続け、時々会っていた。

===

三年生の終わり頃、私はボクシングをやめてグンフーを始めるのと同じくらい、難しい決断を迫られた。私は東洋の大学に入りたかったし、数学と物理、そしてアジアの言語に興味があった。私はマサチューセッツ工科大学（数学と科学に強かったが、アジアの言語も学べる）と、父が進学したイェール大学に出願した。イェール大学は当時、アジア研究で有名な数少ない大学のひとつだった。私は両方に入学を許可されたが、イェールの方が経済的な条件が良かったので、そちらを選んだ。

私は当時、グンフーに熱中していた。授業が終わるとブルースのところに駆けつけ、一緒に過ごした。私は広東語での料理の注文の仕方を習い、ブルースの好物だった蠔油牛肉飯（牛肉のオイスターソース炒めご飯）などを注文した。ブルースはさらに学校を開く構想を持っており、私がその学校の教師になれるかもしれないと話した。その時点では、それはただの話に過ぎなかったが、卒業が近付くにつれ、私は東部に行くことは自分自身をグンフーから切り離すことになると思い始めた。ガールフレンドとも離れ離れになることは言うまでもない。

しかし、その頃の私には二次的な選択がなかった。シアトルにあるワシントン大学に進学するのが真っ当な選択だったはずだが、私はそこを受験しようとはしなかった。一九六二年の夏の終わり、私は心に葛藤を抱えながらニューヘイブンに向かった。イェール大学が与えてくれるチャンスはわかっていたが、一方では、充実した人生の道を閉ざすことになるのではないかと、気が気ではなかった。

シアトル時代のブルース
ブルース・リー・ファミリー・アーカイブ提供

6章　ブルース、香港に凱旋

田舎者の私が西海岸から東部のニューヘイブンに行ってみたところ、イェール大学では、グンフーという言葉を聞いたことがある人はほとんどいなかった。唯一知っていたのは、ホノルルから来た中国人留学生の二人で、そのうちの一人は現地で練習したことがあった。彼の流派は普通より厳しかった。私は彼と、それぞれの型を試すために何度かスパーリングをしたが、互いに指導者ではなかったし、異なる流派同士で一緒に練習するのは難しかった。ソルトレイクシティーで合気道を習っている人にも出会い、興味をそそられたが、彼と練習するのはもっと難しかっただろう。

私は物理、数学、英語、中国史のコースと、週に十時間の北京語の集中コースに履修登録していた。私は中国語の授業をできるだけ活用しようと思った。

ニューヨーク出身のユダヤ人で英文学を専攻することになった一年生のルームメイトは、私が数学と物理を履修するのは時間の無駄で、中国語を履修するのは実に馬鹿げていると考えていた。授業で漢字の筆記体を習い始めたとき、私はフラッシュカードを使った。彼は、私がいないときにフラッシュカードに「Fuck you!（くたばれ！）」とか、同じような汚い言葉を書き込んで、面白がっていた。

そのような考え方は学生仲間に限ったことではなかった。翌年、私は中国語だけでなく日本語も履修した。二年生には一人ひとり担当の教授がつき、履修の仕方やその他疑問点について相談に乗ってくれることになっていた。指導教授との最初の（そして唯一の）面談で、その教授は私の成績表に目を通し、私が中国語を履修していることを指摘した。「日本語も」と彼は眉をひそめた。私はそうだ、とうなずいた。「フランス語は？」と教授。私は困惑して彼を見つめ、「フランス語はどうなんだって言われても……」と口ごもった。彼は私が何も話していないかのように続けた。「フランス語を習うなら、習熟するまでに少なくとも三、四年はかかる。文明人になるためには、フランス語を話さなければならないんだ、わかるな」

私はフランス語が嫌いだったわけではなく、特に中国語を学びたかっただけだ。ブルースが広東語を話していたので、私はその方言を学びたいと思っていた。だが、イェール大学では当時、北京語しか開講されていなかった。私はそのことに少しがっかりしたが、少なくとも書かれた文字はほとんど同じだった。

＝＝＝＝

結局のところ、イェール大学での一年目はまったく楽しくなかった。刺激的な教授もいたし、中国語の授業も素晴らしかった。しかし、私が学んだ当時は、イェールが男女共学になる前のことだ。週末には近隣の女子大からバスで女子学生たちがやってきて交流するのだが、男性ばかりの環境はあまり楽しいものではなかった。

晩秋のある日、新入生寮のリビングルームで開かれたパーティーに参加したとき、私ともう一人の学生が口論になった。同じ新入生で賑わっていて、みんなアルコールがまわっていた。向かいの部屋にいたフットボール部の新入生がこのリビングルームに入ってきて、人混みの中を乱暴に突き進んできた。私は彼が通り過ぎるときにぶつかりそうになり、彼が誰かに、飲み物を持っていてくれるように頼んだのをぼんやりと聞いた。次の瞬間、私は彼に殴られ、後ろによろめき、仰向けに倒れた。そして彼は私の上に乗り、両拳で殴りかかってきた。

私は本能的に頭を上げ、片腕で彼を抱き寄せようとした。そうすれば、彼がパンチを繰り出す力が弱くなるからだ。誰か（ソルトレイクシティーで合気道をやっていた人だと思う）が「グンフーを使え！」と叫んでいるのが聞こえた。私は片腕で相手を抱えたまま、「クソッ、仰向けだ。この体勢で技を覚えたわけじゃないのに」と思ったが、片方の手で相手の急所を掴んで、できるだけ強く握った。

突然、彼は私から離れた。私は怪我をしていなかったので、慌てて起き上がった。彼の背中が人混みの中に消えていくのが見えたので、廊下の向こうの部屋に入っていく彼を追った。ドアは開いていて、その部屋にも数人の学生たちがいて、小パーティーをやっていた。私は立ち止まり、彼がどこに行ったのか見回した。彼は寝室の一つから出てきて、私に「出て行け」と言った。

相手が前進してきたので、私は左フックを打った。彼は後ろに倒れ、私は股間にストレートキックを追撃した。彼は体を折り曲げたが、降参はしなかった。彼のルームメイトの一人が私に向って「拳で戦え！」と叫んだ。私は、もういいと思った。なぜか、その時点で私はためらったのだ。相手は無防備だった。彼の顎の横は私の一撃で赤くなっていた。私は一歩前に出て、どんなパンチでも彼を殴ることができただろう。その代わりに、私は彼を見つめ、そして振り返って立ち去った。その夜、私は眠りにつきながら、その晩の出来事を頭の中で何度も繰り返し、なぜ最後まで攻撃しなかったのかと自問した。

その一日か二日後、私は授業に向かう途中で同じ男に出くわした。二人とも片手にノートを持ち、建物の間の狭い通り道を反対方向に歩いていた。周りには誰もいなかった。彼は私を見て少しスピードを落としたが、歩き続けた。私もスピードを落とした。彼の表情からは、私が何をするつもりなのかと探っているように見えた。私も同じことを考えていた。私はあの晩、とどめを刺さなかったことを後悔していた。しかし、彼が通り過ぎるとき、いきなり殴る気にはなれなかった。立ち止まって彼に再戦を挑むのもばかばかしく思えた。結局、すれ違いざまに、肩を激しく揺さぶって相手にぶつけただけだった。彼は歩き続けた。

その後、またしても、何も解決していないような悔しさを感じた。自分には闘争本能がないという事実を受け入れるのに長い時間がかかった。アドレナリンが分泌されているときは、攻撃することができた。しかし、ひとたびその場の熱が冷めると、攻勢に転じることが難しくなる。私は防御が得意なカウンターパンチャーだった。

ブルースにはそのようなためらいはなかった。挑発されれば、迷いなく最初のパンチ（またはキック）を放った。その昔、彼を挑発するのは簡単だった。私が初めて彼に会った頃にはまだ短気だったが、次第に自制心を学んでいた。彼が行動を起こすまでには、相当挑発が必要だったが、ときには攻撃に動いた。そしていったん闘い始めたら最後までやり遂げるのが、彼の流儀だった。

ブルースはまた、状況をコントロールする達人でもあった。彼は敵対する相手を威圧し、傷を負わすことなく見物人の前で馬鹿にすることができた。さらに重要なのは、暴力なしで対立を解決する状況判断能力を備えていたことだ。ブルースは、相手に危害を加えることなく、巧みな技と身体能力で挑発をかわした。私は、彼が実際に誰かを殴るほど挑発されるのを目撃したことはない。

〓〓〓〓〓

一九六二年の晩秋、ブルースはジェームズ・リー（嚴鏡海）に会うためにオークランドまで車を走らせた。ブルースはジェームズが初めてサンフランシスコに来たとき、彼に会ったことがあり、ジェームズの弟にチャイチャのレッスンをしていたようだ。

ブルースがシアトルにやってきてから三年の間に、驚くべき能力を持った新進気鋭の若者の噂がオークランドまで伝わり、ジェームズは友人の柔道と柔術の専門家、ウォーリー・ジェイに、一九六二年のシアトル万国博覧会を訪れた際に、その若者のことを調べてくれるように頼んだ。ウォーリー・ジェイは、ブルースにすっかり魅了され、「あの若者は素晴らしかった」とジェームズに報告した。

ウォーリー・ジェイの報告を受けて、ジェームズはもう一人の友人、アレン・ジョーにもブルースのことを調べてくれるよう頼んだ。最初は半信半疑だったが、アレン・ジョーもブルースに感銘を受け、ブルースをオークランドに招待するようジェームズを説得した。

シアトルからオークランドまでは約十六時間かかり、ブルースは一人で車を走らせた。ジェームズはその頃、グンフーに関する本を何冊か自費出版していたが、凝り固まった伝統に屈することなく、実践的な技を探し求める同志のような人だと、ブルースは感じていた。ブルースはまた、ベイエリアの格闘技シーンがシアトルよりレベルも規模も一段も二段も上であることも理解していた。おそらく彼は、そこに進むべき道を感じ取っていたのだろう。

この出会いは極めて重要だった。ブルースとジェームズは実に気が合った。ブルースは、ボディービル、トレーニング器具、栄養補助食品など、さまざまな分野でのジェームズの経験とアドバイスを尊重していた。ジェームズはまた、手でレンガを割ることに長けており、上下のレンガを割ることなく、積み重ねられたレンガの中の特定のレンガを割るためにエネルギーを集中させることができた。ブルースより二十歳も年上でありながら、ジェームズはブルースの素晴らしい格闘技の才能を認めていた。

ブルースはシアトルに戻り、二つの活動の種を蒔いた。一つはグンフーの本を出版することで、ジェームズはそれを奨励した。もう一つはベイエリアに引っ越すことだった。その頃ブルースは、自分がシアトルの格闘技シーンでは大きな魚だが、シアトルはとても小さな池であることに気付いていた。彼は、もっと大きな池で大きな魚として生き残り、成功する自信があった。

〓〓〓〓〓

イェール大学一年生のクリスマス休暇がやって来る頃、私は、ガールフレンドのいる、そしてグンフー教室のあるシアトルに早く戻りたかった。シアトルに帰り、ブルースが私の出身高校で、生徒向にデモンストレーションをしていることがわかった。クロード・ウィルソン先生は、以前、「グンフーはミネソタのヘイメーカーに抵抗できるか？（強烈な一撃に耐えられるか）」と私に質問した先生で、ブルースに、自分が教えているクラスでデモンストレーションをしてほしいと頼んでいた。ブルースは常にグンフーの普及に努めていたので、喜んで引き受けた。私はまだ学校に知り合いがいたので、ブルースは私に同行を頼んだ。

弟のマイクは当時高校三年生だった。私は彼の友達も他の生徒もたくさん知っていた。ジャッキー・ケイの妹のスー・アンは当時三年生だった（ジャッキーが最初にブルースを紹介してくれた）。後にブルースが結婚したリンダ・エメリーもスー・アンの友達で、同じく三年生だった。二人ともチアリーダーだった。リンダが初めてブルースを見たのは、その年に彼がガーフィールド高校を訪れていたときで、女子友達と廊下を歩いていたそうだ。

私たちが訪ねたのは、三年生の教室だった。フットボールとバスケットボールの選手たちが、部屋の後ろのほうで椅子にふんぞり返って座っていた。ブルースを招いてデモンストレーションをさせるのは、時間をつぶして生徒たちを楽しませるための一案だった。先生はブルースを紹介すると、横に座った。

ブルースはまず、グンフーとは何かを簡単に紹介した。彼の英語は流暢だったが、少し訛りがあり、時々どもっていた。生徒たちはお互いにニヤリと笑った。ブルースはさまざまな種類のパンチの説明に入った。彼は古典的な空手スタイルの腰からのパンチと、対照的に詠春拳のみぞおちからのパンチをデモンストレーションした。パンチはキレがあり、明らかにスピードとパワーがあった。後に「ワンインチ・パンチ」と呼ばれる短いパンチの説明に移ったが、彼がその言葉を使ったかどうかは覚えていない。彼はデモンストレーションを手伝ってくれるボランティアが必要だと言った。もちろん誰も志願しなかったので、ブルースは後ろの方でだらけていた生徒たちの中で一番大きな、バスケットボールチームの黒人の選手を指差して、前に来るように言った。

彼は颯爽と前に出てきて、さりげなくブルースの前に立ち、生徒たちに対して横を向いた。ブルースは右腕を伸ばし、開いた手のひらをその生徒の胸の一インチ（約三センチ）前に置いた。その黒人選手はブルースの上にそびえ立っていた。教室の後ろにいた彼の仲間たちは目を丸くした。この小さな中国人は何をするつもりなのだろう?

ブルースはワンインチ・パンチを繰り出そうとした。「ちょっと待ってくれ。何か必要だと思うんだ」と言って、ブルースはバスケットボール選手の横を通り過ぎ、三メートルほど離れたところにあった椅子を手に取り、それを持ってきて、選手の数メートル後ろに置いた。ブルースは彼の前で元の姿勢に戻り、「よし、準備はできたようだ」と言った。ブルースは再び腕を伸ばし、指先が相手の胸に軽くかかり、手のひらの下側(底掌)が三、四センチしか離れていないところで腕を構えた。そしてブルースは相手に、心構えはできているかと尋ねた。

その時まで、バスケットボール選手は冷静を装っていた。ブルースが自分の数メートル後ろに置いた椅子に、できるだけ目立たないように顔を向けた。念のため、足を三十センチほど後ろに下げて身構えた。生徒たちは席を立ち、熱心に様子を見ていた。バスケットボール選手は準備ができたと合図した。

完全に伸ばしたブルースの腕が震え、腰が少し前に出て、腕の長さを通して力を加えた(ワン・インチパンチ)。手のひらの下側が相手の胸に接触し、相手は足から跳ね上げられ、腕を振り回しながら後方に飛んだ。彼は椅子に着地し、そのまま椅子を倒し、仰向けに倒れて床を滑った。教室からは「あっ!」と声が上がった。ブルースはまたもや大見得を切り、相手のそばまで行って助け起こし、埃を払い、大げさに礼儀正しく、自分を手伝ってくれたことに感謝した。それからというもの、ブルースはクラス全員の視線を釘付けにした。ブルースがグンフーとは何か、そして特に自分のスタイルについて説明すると、皆はブルースの一言一言に耳を傾けた。

このワン・インチパンチのデモはブルースのレパートリーの定番となった。完璧なショーマンとして、彼は自分の腕前を即座に評価してもらうために、キャリアを通じてこの技を使った。中でも、一九六四年のロングビーチ国際空手道選手権大会でブルースがワンインチ・パンチを使ったことが、ハリウッドの人脈につながった。その後ブルースはロサンゼルスに移ってからジェームズ・コバーンに自分を印象付けようとワンインチ・パンチを披露し、コバーンはそれに圧倒された。

休暇中のある日、ブルースは私に、春に香港に戻り、四、五カ月滞在するつもりだと言った。そして「夏休みに香港に来てみないか?」と誘われた。私は「もちろん!」と答えた。

〓〓〓〓〓

クリスマス休暇の後、ニューヘイブンに戻った私は、グンフーができないので、またボクシングに打ち込んだ。冬のある日、ルームメイトにロシアのコサックダンスをデモンストレーションしようとして、右膝の半月板を損傷してしまった。不運なことに、私が踊っていたときの蹴りの動きは、グンフーの蹴りのようにコントロールできるものではなかった。怪我の結果、私はボクシングのスタイルを完全に直さなければならなかった。

高校時代を通じて私は背が高くガリガリで、卒業時には身長百八十八センチ、体重七十六、七キロだった。対戦相手の方が強いことが多かったので、私はジャブで距離を取り、押し切られたらカウンターパンチで戦った。しかし、右膝を痛めていたので右膝にあまり体重をかけることができず、代わりに左足にほぼ全体重をかけなければならなかった。右構えで左足を前に出して戦うので、後ろに下がりにくい。その結果、私は前にも横にも動けるホッピング・ワンレッグのスタンスを身につけた。

イェール大学には、一年生を対象とした学内ボクシング大会と、上級生を対象とした別の大会があった。体重別はプロとは異なる設定だった。確か九十三キロ以上の無差別級があった。その次の階級は「ヘビー級」と呼ばれ、私が登録したのはこの階級だった。その体重のボクサーは何人かいたが、トーナメントに申し込んだのは、私のほかにフットボール選手が二人で、計三人だけだった。最初の試合では、フットボール選手二人が対戦し、私は不戦勝となった。相手をノックアウトしたのは、カンザスシティ出身の黒人で、一年生チームのフルバックだった。

試合は三ラウンドだけだったが、一ラウンドは三分で、私は体調があまり良くなかった。試合が始まると、そのフルバックの男は絶好調で、強いのは明らかだった。彼は非常に攻撃的で、ストレートで戦い抜くスタイルだったが、私は一ラウンドを通してジャブで彼のバランスを崩すことに成功した。そのため、彼はイライラし、二ラウンド目はさらに積極果敢に攻めてきた。幸いなことに、彼が突進してきたときにバランスを崩したので、ラウンド終了間際に左フックをきっちり当てて倒した。

しかし、ノックアウトにはならなかった。第三ラウンドで、彼は猛然と攻めてきた。そのとき、私にはエネルギーが残っていなかった。ジャブに力がなかった。かろうじてパンチを空中に浮かせることができたが、彼の顔面に弱々しく接触しても、彼の動きを鈍らせることはまったくできず、彼の前進力で、私の左腕は折りたたみ椅子のように、たたまれてしまうだけだった。私は、このラウンドで生き残るためには新しい戦略が必要だと悟った。左足に体重をかけ、彼が突っ込んできたらできるだけ後ろに体を傾ける。最初の二、三発は避け、それから素早く体を前に出して相手を迎え撃つ。レフェリーが私たちを引き離そうと動き、一歩下がると、私も同じ方向に回り込む。相手が私に追いつくと、私は同じことを繰り返した。どうにか耐えて最初の二ラウンドに勝ち、トータルポイントで試合に勝った。もう一ラウンド戦っていたら、私は完全にやられていただろう。

私はその試合で、体調を整えることがいかに大切かということを学んだ。それは数年後、ブルースが別の試合で学んだ教訓でもあった。私は怠け者でジョギングが嫌いだったので、その教訓を頭の中だけで理解した。しかし、ブルースの場合はそれを心に刻み、さらに研ぎ澄まされた肉体の標本へと変貌を遂げた。

〓〓〓〓〓

一九六三年の前半、ブルースはシアトルで、ジェームズ・リーを通じて出版する予定の本の執筆に取りかかった。予定されていた香港への旅が間近に迫り、彼は旅立つ前にできる限りのことを済ませておきたかった。彼はジェシー、ターキー、チャーリー・ウー、ジム・デマイルを並ばせて、本に載せる写真のために、さまざまな技を振り付けした。

月末、ブルースは飛行機で香港に飛んだ。四年前にポケットに百ドルを入れて出発して以来、香港に戻るのは初めてだった。空港では、家族総出で迎えられた。彼は高校を卒業していない反抗的な問題児で、トラブル続きの下降線をたどりながら、思い出もない異国の地に飛び出したのだ。家族は、彼がどんな青年になったのか心配だった。ブルースが旅立ったとき、まだ十歳だった弟のロバートは当時十四歳で、憧れの兄に会えることを特に楽しみにしていた。

帰郷は一大イベントだった。ブルースは両親へのプレゼントとして、父親にはコートハンガー付きのレインコートを腕にかけ、弟と妹には現金を持参した。前作の映画が成功したため、香港のメディアも空港に駆けつけた。

二本指で腕立て伏せをしたり、両手だけで床を支えるV字立ちをデモンストレーションしたりと、ブルースの身体能力が驚くほど向上していることに、家族はすぐに気付いた。また、彼がかなり成長したこともわかった。家族の用事や社交界の集まりの合間を縫って、彼はさまざまな武術家を訪ね、他の流派の見聞を広めた。「決してじっとしていない(Never Sits Still)男」は多忙を極めていた。

＝＝＝＝＝

ブルースが香港に戻ったことで、夏の間、ブルースと香港で合流する可能性が出てきた。私がニューヘイブンに向かった後、教室に加わった新しい生徒の一人も招待された。当初の計画では、ブルースの家族が住んでいる近くのアパートを二人で借りることになっていた。

ブルースが招待したもう一人の生徒は、私の高校時代の同級生で、ナイフを持った三人の不良相手にグンフーを使ったことのあるランストン・チンだった。ランストンは、私にブルースを紹介してくれた友人、ジャッキー・ケイの従兄弟にあたるが、当時、私は彼のことを少ししか知らなかった。私の印象では、彼はシアトルのチャイナタウン出身に見えた。当時のシアトルの中国人のほとんどは、チャイナタウン(私の高校の学区域)か、ビーコンヒル(別の高校の学区域)に住んでいた。ランストンの家族はセントラル・エリアの中心に住んでいて、彼は主に黒人の子供たちとつるんでいた。

ランストンは喧嘩っ早い性格だった。特に体が大きかったわけでも、強かったわけでも、足が速かったわけでもなかったが、ガッツがあり、特に体の大きな相手に対しては、手近にあるもので最初の一振りをすることに何のためらいもなかった。弟のマイクによると、数年後にランストンがスタンフォード大学（マイクは当時在学中）を訪れた際、ランストンは社交クラブのパーティーで大柄なフットボール選手と口論になったそうだ。ランストンはドアから中庭に出て、炭火焼グリルを蹴り倒した。フットボール選手が、ランストンの背後の外灯で目をくらませながら玄関から入ってきたとき、ランストンは鉄の火かき棒を持ち、フットボール選手の側頭部に振りかざそうとしていた。マイクはランストンが相手に重傷を負わせないように後ろからランストンを抱え込んだ。私自身もランストンに対して、似たような経験をしたことがある。ランストンのいとこと付き合っていた男を、ガラス戸越しに殴り倒そうとしたので、後ろから止めた。

大学一年生の後半、私とランストンは手紙のやりとりを始め、香港で部屋を借りて一緒に過ごす計画を立てた。しかし、五月末に私がシアトルに戻る頃には、ランストンは不定期に発作を起こすようになっていた。結局、医師は薬で発作を抑える方法を見つけたが、その状態のまま香港に向かうのは賢明ではないと判断された。

ランストンの発作の一つは、一九六三年の初め、ブルースといとこのジャッキーと一緒に、授業の合間にたむろしていたＨＵＢ（ハスキー・ユニオン・ビルディング。ワシントン大学の学生会館）で起こった。発作が起きたとき、ブルースが指揮を執った。彼はランストンが舌を飲み込まないようにスプーンを口に入れ（当時、発作を起こしたときの一般的なアドバイスだった）、他のみんなに下

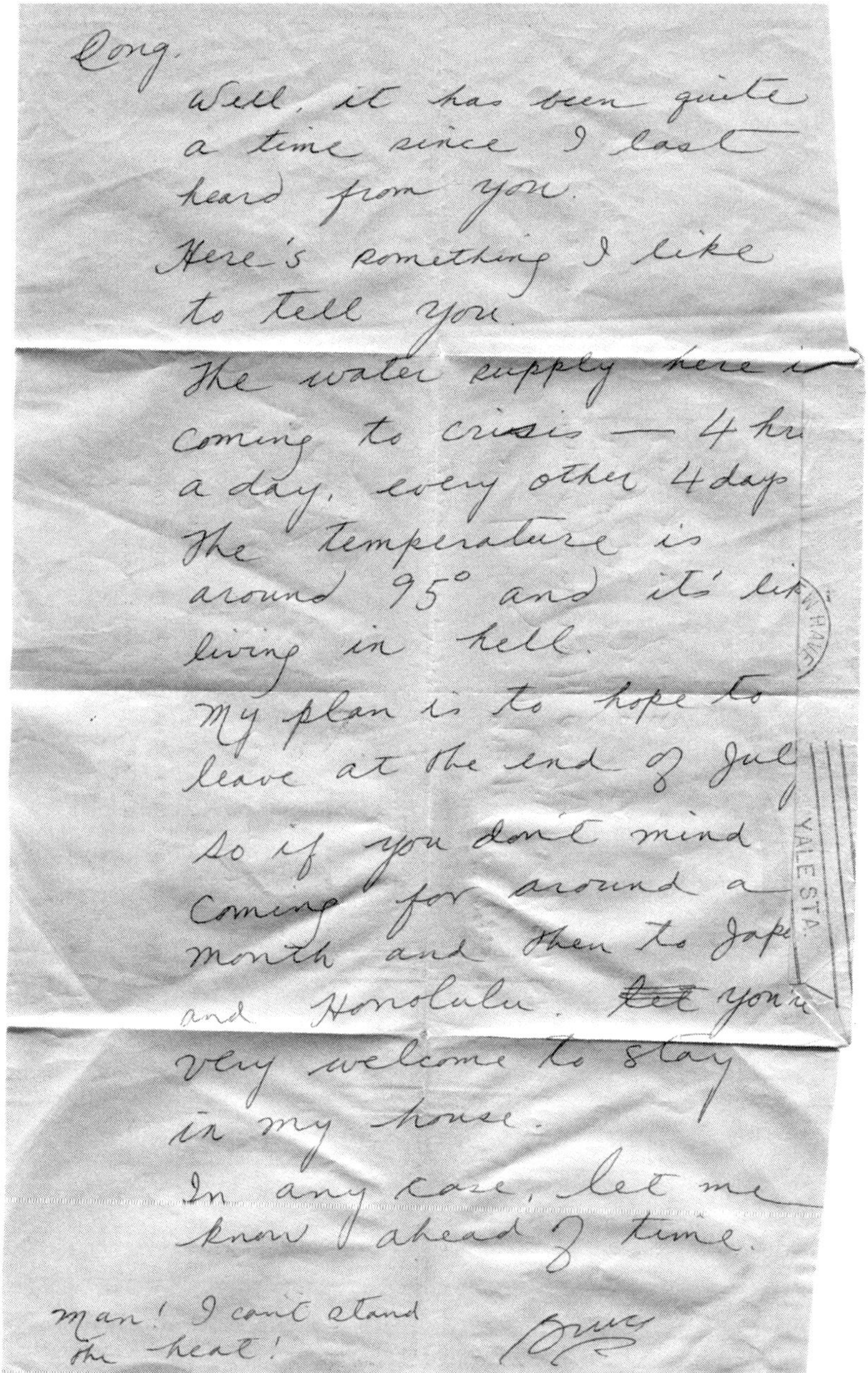

Long.

Well, it has been quite a time since I last heard from you.

Here's something I like to tell you.

The water supply here is coming to crisis — 4 hrs a day, every other 4 days

The temperature is around 95° and it's like living in hell.

My plan is to hope to leave at the end of July

So if you don't mind coming for around a month and then to Japan and Honolulu. ~~Let~~ you're very welcome to stay in my house.

In any case, let me know ahead of time.

man! I can't stand the heat!

Bruce

1963年春、ブルースが著者に送ったエアログラムがっているように言った。

私はと言えば、半月板の断裂で、杖をつきながらフラつきながら歩いていた。杖が必要ないほど膝の状態が良くなることもあり、そのおかげで私が採用した奇妙なホッピング戦略でボクシングができるようになった。しかし、氷の上で滑ったり、朝ベッドから起き上がるときにひねったりしただけで、また足を引きずってしまうこともあった。イェール大学の診療所の医師は、ジャグジー風呂と理学療法を勧めてくれたが、膝が自然治癒しない場合は軟骨を除去する手術が必要だと言った。しかし、香港から戻れば手術は受けられるので、私はまだ、香港に行く気持ちに傾いていた。

〓〓〓〓〓

結局、私一人が香港に行くことになったので、ブルースは私を彼の家族の家に招待してくれた。ブルースは、当時海外からの手紙に使われていたペラペラの青いエアログラムで、私に旅行の準備について書いて寄こした

「君に伝えたいことがあるんだ。ここでの水の供給は危機的状況になりつつある！　気温は華氏九十五度（摂氏三十五度）くらいで、まるで地獄に住んでいるようだ。私の計画では、七月末には香港を出発したいと思っている。だから、もし君が一カ月くらい滞在して、それから日本とホノルルに行っても構わないのなら、僕の家に泊まるのは大歓迎だよ」

彼は手紙の最後に「暑さに耐えられない！」と書いてきた。

私は水不足にも気温にもめげなかった。しかし、私には一つだけ、旅の資金をどうするかという問

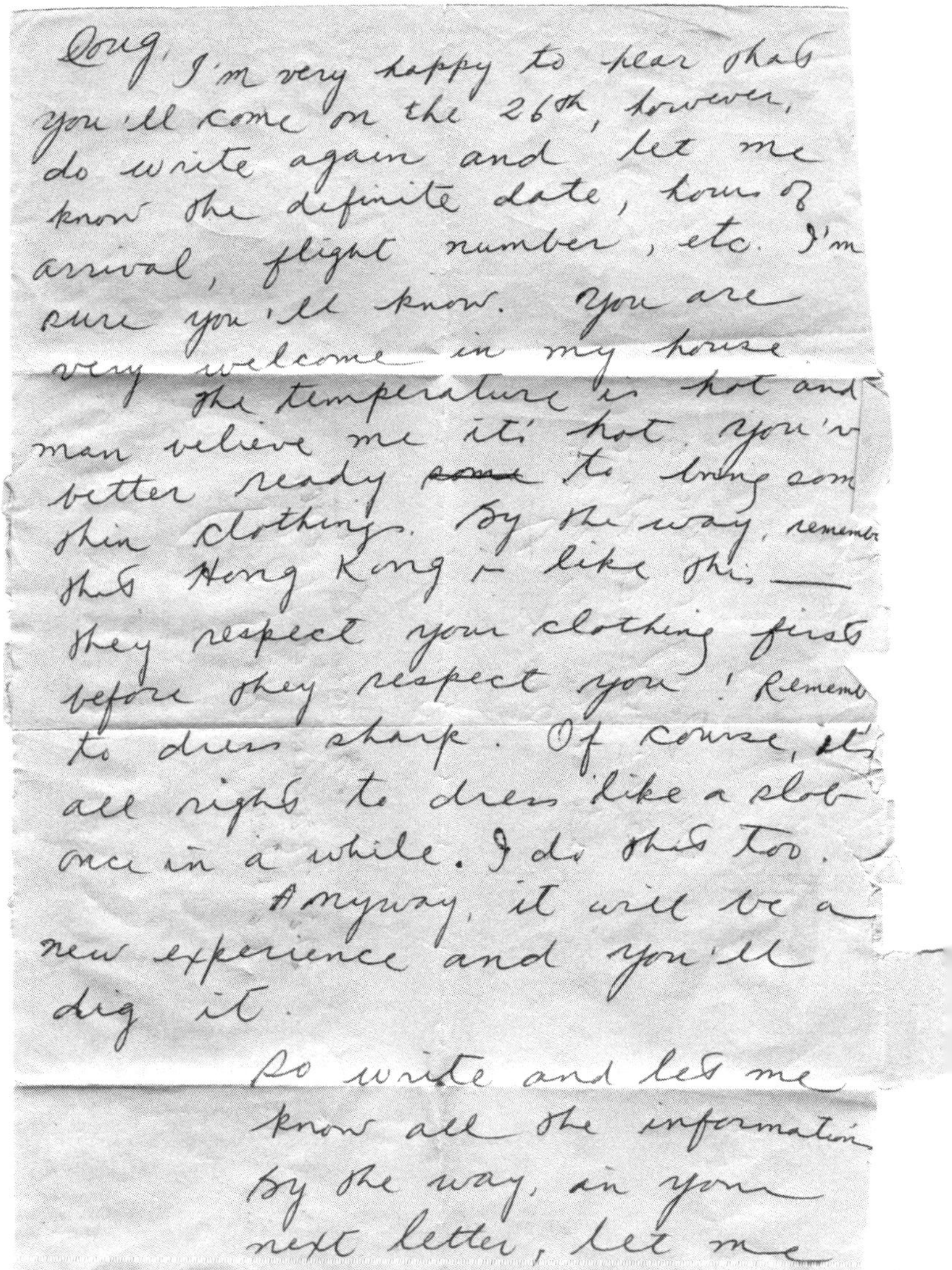

Doug, I'm very happy to hear that you'll come on the 26th, however, do write again and let me know the definite date, hour of arrival, flight number, etc. I'm sure you'll know. You are very welcome in my house.

The temperature is hot and man believe me it's hot. You'd better ready ~~some~~ to bring some thin clothings. By the way, remember that Hong Kong is like this — they respect your clothing first before they respect you! Remember to dress sharp. Of course, it's all right to dress like a slob once in a while. I do this too.

Anyway, it will be a new experience and you'll dig it.

So write and let me know all the information. By the way, in your next letter, let me know of the situation down in the S.F. Club.

Bruce

1963年春、ブルースが著者に送ったエアログラム題が残っていた。大学一年の学費になけなしの貯金をすべてつぎ込んでしまった私には、もう何も残っていなかった。両親は、私が夏の間働き、来年の学費を稼ぐことを期待していた。私はその期待は当然のことだとわかっていた。しかし私にとっては、香港の中国人家庭で生活し、現地の日常生活を直接体験できるというのは、一生に一度、少なくとも二度とないチャンスだった。私は、両親から資金を借りて旅に出ることにした。

だが、父は簡単には説得できなかった。もし父が資金を貸してくれないのなら、最終的に、他で借りると話した。父はどこに行って誰から借りるのかと聞いてきた。私は何も考えていなかったが、親友の一人であるトシ・モリグチの名前を挙げた。彼の家族は、当時宇和島屋という小さな食品店を経営しており、ビリヤードをするのが好きなトシはいつもポケットに札束を入れていた。父は最後に、私が資金を借りても香港に行く決心が固いのなら、金を貸すと言った。幸い宿代はかからない。父と私は航空運賃と滞在中の小遣いを含めて七百五十ドルで合意した。

私はすぐにブルースに手紙を書き、六月二十六日に到着することを伝えた。後日、必要な資金を確保するためのギリギリの交渉のことを話すと、彼は、親が息子に資金を貸すという発想や、貸し借りをめぐる交渉をするなど、かなり奇妙な家族関係だと思ったようで、とても面白がっていた。中国の家庭では、親が資金を息子に与えるか、さもなければ息子は行かないかのどちらかだと彼は話していた。

ブルースはすぐに別のエアログラムを送ってよこし、最後のアドバイスをしてくれた

「二十六日に来てくれると聞いてとても嬉しいよ、薄手の服を用意したほうがいい。ところで、香港

は人の内面でなく、着ているもので判断する。そういうところだということを覚えておいてほしい！シャープな服装を忘れずに。もちろん、たまにはだらしない格好をしてもいい。私もそうする。とにかく、新しい経験になるし、きっと気に入るよ」

ブルースは私の素性を、よくわかっていた。私は手持ちの服の中で最もシャープな服で荷造りをし（あまり多くは語れないが）、とてつもない興奮と期待を胸に、香港行きの飛行機に乗り込んだ。バンクーバー島でのキャンプと、バンクーバーB.C.のチャイナタウンでのブルースとのデモンストレーションを除けば、これが私にとって初めてのアメリカ国外への旅だった。

当時は、なぜブルースが私を招待したのか、深く考えていなかった。私たちは友人だった……が、なぜ私を。後年、特にブルースに関する記事を書いている人からそのような質問をされたとき、私はじっくり考えた。そして、「友人だった」という以上の答えは思いつかなかった。それから四十年後、ブルースの兄弟姉妹による本が出版され、彼らの視点から描かれた私の香港訪問についての記述を興味深く読んだ。

当時、実家で暮らしていたロバートとフィービーの兄妹は「ダグを私たちの家に住まわせたことは、ブルースにとってとても大きなことだった。ブルースは、ふさわしくないと思ったり、無礼だと感じたりする人を家に連れてくることは決してしなかった。彼はダグが本当に好きだったし、中国文化を共有したかったんだ。ブルースは頭が良くて、ダグが香港に行けば、そこで待ち受けている異なる世界を理解することがわかっていた」と語っている。

ブルースは正しかった。香港でのあの夏は、私の記憶に刻まれている。

左から、ピーター・リー（ブルースの兄）、ルビー・チョウ、ブルース
ブルース・リー・ファミリー・アーカイブ提供

7章　白馬徳（Baak Ma Dak）、香港へ

一九六三年当時、アメリカ本土から香港への直行便がなかった。私は香港に向かう途中ホノルルに立ち寄り、イェール大学出身の中国系アメリカ人の友人と二、三日過ごした。彼の家族はワイキキから数ブロック離れたモーテルを経営していた。当時のワイキキは、ビーチ沿いに高層ホテルやその他の開発が進む前で、かなりのんびりしていた。

ホノルルからのフライトの最終便で、私は香港から一年間アメリカに留学していた魅力的なユーラシア人の女性に出会った。彼女は後日、実家のカントリークラブでのダンスパーティーに私を招待してくれた。そこでわかったことは、香港には、ブルースが育った世界とはまったく違う世界があるということだった。二つの世界は対照的だったが、それは後になってわかった。飛行機がようやく香港に到着すると、私はすぐにブルースの世界に引き込まれた。夢のようだった。香港の現実の厳しさを目の当たりにしても、私の興奮は冷めなかった。

当時、香港はまだイギリスの植民地だった。その頃、中国からの難民が大量に押し寄せ、住宅価格が高騰していた。貧民街が出現し、ビルの屋上には家族連れが仮住まいを作り、人々は公園や路上で寝泊まりしていた。物乞いはどこにでもいた。街は深刻な水不足にも見舞われ、アパートでは二、三日に数時間しか水を引くことができなかった。恵まれない人々は、何ブロックにも及ぶ行列にバケツを並べて待たなければならなかった。

当時の香港は三つの部分から成っていた。約三百万人の人口のほとんどは、香港島の北岸か、港を挟んで香港島に面している九龍半島に住んでいた。これらは、アヘン戦争の余波で、一八四二年の南京条約で、香港島が清朝からイギリスに割譲され、一八六〇年の北京条約により、九龍半島の南端が割譲された。その後、植民地の第三の部分である九龍と新界は、香港島周辺に点在する他の島々とともに、一八九八年、イギリスに九十九年間（一九九七年まで）の租借権で引き継がれた。

当時の香港の空港、カイタックは、九龍の安アパート街の真ん中を切り開いた小さな空地のようで、滑走路は港に突き出していた。飛行機が着陸するとき、飛行機の窓を開けることができれば、手を伸ばして、空港のすぐそばにあるアパートの窓や小さなベランダに干してある洗濯物をつかむことができるような気がしたものだ。

飛行機から出てタラップを下り、駐機場に降り立ってすぐ、暑さと湿度、そして蒸し暑い空気を嗅ぎ取る強烈な嗅覚に襲われた。うだるような暑さは、まるで巨大なサウナに足を踏み入れたような気だるさをもたらした。南国の濃い潮風は、腐ったゴミやし尿、ディーゼル燃料など、私にはわからない匂いが充満していた。到着ロビーで、辛抱強く私を待ってくれていたブルースと彼の家族数人を見つける頃には、すでにその臭いには慣れていた。しかし、蒸し暑い空気は夏の間中、私の全身を玉のような汗で濡らした。エアコンはまったく普及していなかった。

ブルースの弟の話では、以前、リー家には車があり、運転手もいたそうだ。だが、当時の香港では車を持っている人はほとんどおらず、当時のブルースの家族も例外ではなかった。空港からリー家のアパートまで、みんなで積み重なるようにタクシーに乗り込んだ。乗車時間は短かったが、気分が高揚した。

タクシーは、押し車やトラック、二階建てバスが行き交う狭い通りを縫うように走り、背の高い狭いアパートや、混みあう路面店のあるオフィスビルの間を通り抜けた。派手な漢字の看板がビルからはみ出し、歩道上のスペースを奪い合っていた。人の群れが歩道を埋め尽くし、大勢が店の前に座り込み、屋台の前に群がり、下着姿の日雇い労働者や黒いパジャマのようなパンツスーツを着た老婦人たちが、西洋のスーツを着たビジネスマンたちと肩を並べている。

アパートへ向かう車の中で、ブルースが街の様子を説明してくれた。その間、私は初めて目にする香港の街に五感の総てを刺激され、それを片っ端から吸収しようとした。

＝＝＝＝＝

リー一家が住んでいたのは、ネイザン・ロード（九龍半島の真ん中を尖沙咀《チムサーチョイ》の先端まで走る大通り）と、ペニンシュラ・ホテルを過ぎてスター・フェリーまでウォーターフロント沿いを走る道路とが合流したところだった。ネイザン・ロードの終点から十分か十五分ほど歩き、当時グルカ兵舎だった場所を通り過ぎ、シャムロック・ホテルという小さなホテルの向かい側にあった。

アパートの入り口は二つの店の間にあった。階段は歩道から小さな踊り場まで続いており、そこにはホームレスの男が毎晩、寝床を敷いていた。夜遅くに帰宅したときは、暗闇の中でその男を踏まないように気をつけなければならなかった。その上の階段は二階の大きな踊り場まで続いており、そこにはリー夫妻のアパートともう一つのアパートがあった。牢屋のドアのような太い鉄格子の外側のドアと、覗き穴のある頑丈な内側のドアで、アパートはガードされていた。

アパートは高級なものではなく、そこに住む大家族であふれかえっていた。床は濃い色の無垢材でできていた。壁はほとんどが黒っぽい木製で、黒みがかった漆喰の縁取りが施されていた。

1963年夏、香港でのブルースと父親（リー・ホイチュエン）の練習風景
デイビッド・タッドマン提供

1963年夏、香港でのブルースと著者の練習風景
デイビッド・タッドマン提供

玄関を入ると、木彫りの中国家具が置かれた広間があった。左側には小さな台所と、奥に小さな部屋がいくつかあり、女性二人がそこを寝室にしていた。広間の右側には、ネイザン通りを見下ろすバルコニーに面した大きな部屋が二つあった。

一番奥の部屋は主に寝室として使われ、二段ベッドが二つとドレッサーがあった。ベッドや家具にはハンガーが掛けられていた。片側の壁際にはガラス戸の食器棚があり、小物がたくさん入っていた。大きな部屋の一番奥の、通りから離れたところにバスルームがあった。二、三日に数時間しか水が出ないという干ばつの結果、バスタブはその場しのぎの貯水場として使われ、ありったけのバケツや予備のポットが置かれていた。水は炊事、洗濯、トイレの洗浄など、必要不可欠な目的のために配給されていた。

一番奥の寝室の反対側には狭いバルコニーがあり、下の歩道に張り出していた。一方の端には、カーテンで仕切られ仮設の「風呂場」があり、もう一方には鶏を飼っている檻があり、その間にたくさんの鉢植えが置かれていた。風呂場は小さなシャワールームぐらいの広さで、立って入れるくらいの幅しかなく、バケツの水とスポンジを使って体を洗うようになっていた。数羽の熱帯の鳥が上の方にあるかごの中で鳴いていた。

風呂場のそばにあるダイニングルームは、リビングルーム、寝室としても使われ、三通りの役割を果たしていた。ダイニングルームの壁際には冷蔵庫があり、中央には食卓があった。ブルースの寝台は一番奥、バルコニーのすぐ内側にあった。バルコニーは完全に囲われていて、ブルースの弟のロバートが使う寝台と、私が使う寝台があった。寝台はベッドフレームに硬いマットを敷いただけのもので、寝台というより簡易な寝床だった。蒸し暑い香港の夏には、寝具は必要なかった。

食事だけでなく、おしゃべりやゲーム、読書をするために家族は食卓に集まっていた。片隅には扇風機が置かれ、私はその前によく座っていた。また、ブルースはズボンやシャツにアイロンをかけるとき、部屋にアイロン台を置いた。ブルースは服装に几帳面で、この家の女性たちの誰も、自分の服にきちんとアイロンをかけられるとは思っていなかった。

＝＝＝＝＝

その夏のリー家の住まいには、ブルース、父と母、妹のフィービー、弟のロバート、従兄弟のフランク、叔母、使用人、それに鶏やその他の動物が暮らしていた。長兄のアグネスとピーターはもう家には住んでいなかった。その他の親戚や友人もたくさんやって来た。フィービーは養子だと後で知ったが、当時は実の姉妹だと思っていた。彼女は他の子供たちとまったく同じように扱われていた。

リー家には大勢の人が住んでいたので、プライバシーはほとんどなかった。蒸し暑いので、男たちはよく下着姿で歩き回っていた。夜、私はパジャマのズボンを履き、他には何も身につけなかった。きっとそうだと思うが、私の乳首の色から、「Jiu Lin Dak」、つまり「豚乳ダグ」というあだ名がついた。

水不足で、日常生活は楽ではなかった。風呂に入るには、バルコニーのカーテンで仕切られた簡易風呂の隅に置かれた小さなバケツに水を汲み、スポンジで体を洗った。スポンジバスを終えて数分もしないうちに汗びっしょりになったので、あまり効果はなかったが、少なくともしばらくの間は気分が少し良くなった。

家ではブルースとロバートだけが片言以上の英語を話した。イェール大学で一年間集中的に勉強したばかりの私の北京語は、ほとんど役に立たないことがわかった。当時の香港では、北京語はあまり話されておらず、リー家の誰も北京語を話せなかった。そのため、ブルースやロバートが通訳をしてくれなければ、私はパントマイムと、覚えたてのわずかな広東語でやり過ごすしかなかった。ただ、中国語の文字は北京語と広東語でも同じだったので、孤立感はなかった。私はブルースの父親に、自分の中国名など基本的な単語を書いて見せることができた。

当時十四歳だった弟のロバートは、ブルースと同じように英語が堪能で、年下のふざけたタイプの男の子だった。彼のニックネーム、ガウジャイ（リトルドッグまたはドッグボーイは）彼にぴったりだったようだ。ロバートの友人で、角刈りに分厚い眼鏡をかけたやせっぽちのゴードン・ツォイ（発音はチョイ）は、ツォイ・ジャイ（リトル・ツォイ）と呼ばれていた。従兄弟のトニー・ライもロバートと同い年で、一緒に過ごすことが多く、ときにはツォイ・ジャイと一緒にロバートの寝台に寝泊まりすることもあった。

ブルースの父、リー・ホイチュエン（李海泉）は、小柄で優しく、気前がよく、気取らない人物だった。彼は元広東オペラのスターで、映画俳優として香港中に知られていた。彼は西洋のスーツを一着持っており、必要に応じて着用したが、それ以外はゆったりとした中国服を着ていた。彼は昔、アヘンを吸っていたらしいが、数年前にやめ、健康そうだった。しかし、私の滞在から二年も経たないうちに六十四歳で亡くなった。彼は近くの公園で太極拳の練習をしていたが、アヘンを吸わなくなった頃、健康上の心配から太極拳を始めたようだった。

ブルースの母グレースは、温厚で気品のある女性だった。前述したように、彼女には白人の血が入っていたが、正確な人種はまったく不明だ。私は彼女の外見から、ヨーロッパ系の血が少し混じっているが、ほとんどが中国人だと思った。ブルースもロバートも、私にはほとんど中国人に見えた。もちろん、外見はせいぜい大まかな目安に過ぎない。私の二人の子供たちは、白人と日本人のハーフだが、程度の差こそあれ、アジア人の血を受け継いでいる。私の二人の孫娘はそれぞれ四分の一ずつアジア系で、一人は明らかにアジア系に見えるが、もう一人は赤毛でウェールズ系かアイルランド系と見紛うほどだ。結局は、血筋の細かいことなどどうでもいい。

ブルースはそのことにこだわることはなかったが、私は彼の祖先が部分的に白人であることが、微妙な形で彼に影響を与えたと考えている。おそらく、混血であるがゆえに他の中国人から差別を受けたことが、伝統と決別しようという彼の意志を部分的に後押ししたのだろう。彼は中国人であること、そして中国文化に誇りを持っていたが、一部のグンフー流派の「凝り固まった古典主義」と呼ばれるものから逸脱することに、なんの抵抗も感じていなかった。

〓〓〓〓〓

その夏、私は文化の違いがさまざまな形で現れることを含め、多くのことを学んだ。リー家での最初の食事は澄んだスープと野菜だった。大きな器が食卓の中央に置かれ、私たちはそれぞれ器に取り分けた。私は精一杯のマナーを守った。背筋を伸ばし、猫背にならないように気をつけ、母から教わったようにスープをすすることがないように気をつけながら、スプーン一杯ずつ口に運び、音を立てないようにすすった。

一分ほどすると、ブルースが私に寄りかかり、耳元でささやいた。「少し音を立てて」。後で彼が言うには、中華料理ではスープや麺は音を立ててすするのが礼儀で、感謝の気持ちを表すのだそうだ。言うまでもないが、夏の終わりに実家に帰り、両親は私のスープの食べ方を見て困惑した。そして私が、「すする」ことがいかに普遍的で、ひんしゅくをかうことではないと説明すると、両親は私のことを本当に厄介者だと思っていた。

ブルースは私に中国のエチケットのニュアンスを教えようと絶えず努力していた。しかし、この鬼佬《グワイルー》（広東語で白人のこと）の友人が失態しないように図っても、彼の鈍感さを突き破ることは難しかった。

到着して間もなく、私は両替をしたいかどうか尋ねられた。そこで、いくらかの金を渡したら、家族の一人が近くの両替屋に行ってくれた。彼が戻ってくると、ブルースは手渡された香港ドルの札束を横取りし、私の目の前で一度ではなく二度、ゆっくりと札束を数え上げた。そして、私がそれをポケットに入れると予測して私に手渡した。しかし、私は何もピンとこなかった。それをしまう前に、私は自動的にもう一度札束を数えた。後でブルースに聞いたのだが、知り合いから手渡された札束を公然と数えることは、相手に対する不信感を意味し、失礼にあたるのだそうだ。彼は、アメリカ人が、受け取った札束を必ず数えることを知っていたので、それを止めさせようと、札束を渡す前に、わざわざ私の目の前で数えたのだ。彼の努力は無駄だった。

その夏の間、私は日常生活での行動や人間関係の微妙な違いに悩まされた。言葉が絡むと、その苦労はさらに大変だった。覚え始めた広東語を使いたいがために、不快感を与えてしまうこともあった。ある時、道端でブルースの家族の友人に会った。ユーモアのセンスがあり、映画関係者と結婚していると思われる人柄の良い女性だった。彼女とは以前にも会ったことがあり、からかうように何か言われた。私の広東語は相槌を打つには不十分で、思わず「モ・チョ・ア！」と言い返した。女性は少し顔をしかめ、ブルースが喜んでいないのがわかった。私が使ったその言葉は、「喋るな」という意味だった。しかし、後で聞いたところによると、これは「黙れ」に相当するもので、私が使ったような言い方をすると、特に彼女のような教養の高い女性に話す場合は、かなり無礼とみなされるのだそうだ。

振り返ってみると、ブルースは私がしくじったときに、とても辛抱強かった。彼が私に本気で怒ったのは、夏の終わりに彼の弟とツォイ・ジャイが仕掛けたいたずらに私が過剰に反応したときだけだった。

広東語は他の中国方言と同様、声調言語だ。発音が同じか似ている音でも、調子が違えば意味が根本的に違ってくる。大学一年の時に北京語を集中的に勉強した後、私はそれなりに話せるようになった。しかし、北京語の基本的な声調は四つしかない。広東語には七つの声調があり、私には声調の違いを覚えることはおろか、聞き取ることもできないことがあった。

ある晩、リー一家と私は夕食後、食卓を囲んで簡単なボードゲームをした。プレイヤーはボード上を進むマーカーを持ち、順番にサイコロを投げた。サイコロの面にはそれぞれ違う動物の絵が描かれていた。ゲームの詳細をすべて覚えているわけではないが、サイコロの出た目の動物の名前を最初に叫んだ人が、ボードの道に沿って何スペースかマーカーを進めることができて、誰よりも早く道の終点に着くことがゴールだった。サイコロの六面に描かれたさまざまな動物の名前を、すべて覚えてはいないが、そのうちの一匹のカニの名前だけははっきりと覚えている。

ゲームはかなり混戦になった。サイコロが振られるたびに、みんながサイコロが転がるのをわれ先に見ようともみ合い、誰よりも早く正しい動物の名前を叫ぼうとした。私はこのゲームをするために六つの動物の名前を広東語で覚えなければならなかったが、頭の中で動物の名前を広東語に訳すので少し反応が鈍った。「カニ」は「ハアイ」と言い、低音で発音した。しかし、ゲームの興奮で私の声は高くなった。カニが登場するたびに、私は「ハイ！」と、高くて均一な音調と短い母音で叫んだ。プレーしている女性たちも、見学している女性たちも、私が「ハイ！」と叫ぶたびにくすくす笑っていた。最後にブルースは私を脇に連れて行き、私が叫んだ発音と女性器の俗語の発音が似ていることを説明した。それ以来、私は「カニ」という単語が出てくるたびに叫ぶのが嫌になり、それがその後の試合に負けた言い訳となった。

ブルースは悪ふざけが大好きだった。当然のことながら、弟のロバートとその仲間たちもその傾向を受け継いだ。

水不足で、バスタブなどに貯められた水は配給制だったため、私たちが風呂に入れるのは一日おきかそれくらいに限られていた。常に湿度が高く、入浴後はすぐ汗びっしょりになってしまうが、自分の番が回ってきたときの束の間の休息が楽しみだった。スポンジバスに入るバルコニーの一角は網戸で仕切られていたが、とても窮屈で、シャワーカーテンの内側は、身を乗り出して膝を曲げれば床に置かれた水の入ったバケツに手が届くだけのスペースしかなかった。ある日、入浴中にスポンジを水に浸そうと腰をかがめたとき、何かが肌に触れたような気がした。蛾か虫かと思ったが、それ以上何も考えなかった。カーテンのすぐ外に置いてあったスツールについても、何も考えなかった。体を乾かし、服の一部を着て、寝台に戻って残りの服を着た。

ロバートと仲間のツォイ・ジャイはロバートの寝台に座っていた。彼らは、なにか期待して私を見ているようだったが、私はそれについてあまり深く考えなかった。しかし一分ほどすると、私はかゆみを感じ始め、シャツの下に手を伸ばして掻き始めた。その時すでに私は汗だくで、湿ったシャツが体に張り付いていた。ロバートとツォイ・ジャイは我慢できずに笑い始めた。私が何を笑っているのかと尋ねると、二人はスポンジで体を拭いているときに何か感じなかったかと聞いてきた。私はまだ理解できず、肩をすくめた。すると彼らは、小さな缶に入った何かを見せてくれた。ツォイ・ジャイがスツールに上って、私がスポンジバスに入っている間、カーテンの上から私に何かを振りかけたのだ。

私は激怒し、ツォイ・ジャイの上腕をつかんで引っ張り、投げ飛ばした。彼は私の半分の大きさで、体重は45キロもなかったので、思っていたより少し先まで吹っ飛んだ。怪我はなかったが、ツォイ・ジャイは怒りが爆発して少し動揺しているようだった。ブルースは大きな部屋でこの悪ふざけを笑っていたが、騒ぎを見に来た。

ツォイ・ジャイがロバートの寝台に寝転がり、芝居がかって腕をさすっているのを見て、ブルースはすぐに機嫌が悪くなり、何が起こったのかを理解した。どんな挑発的な態度をとられても、体格の劣る相手に暴力を振るうことは許されないと、はっきりと私に告げたのだ。ツォイ・ジャイはそれを思い切り囃し立てた。私は落ち着きを取り戻すと、かゆくなる粉は不愉快で、スポンジで拭きとれなかったが、なんだか申し訳ない気持ちになった。ブルース自身、彼が私に説いていた自制心を実践し始めていたことが、後に彼の行動を観察しているうちにわかった。

＝＝＝＝＝

ブルース自身の悪ふざけはもっと手の込んだものだった。その標的のひとつが香港警察で、イギ

1963年夏、建物の屋上で練習するブルースと著者、香港
ブルース・リー・ファミリー・アーカイブ提供

リス兵と並んで彼が最も嫌う相手だった。警察は汚職にまみれ、威圧的だとブルースは考えていた。当時、警官のほとんどはイギリス人で、街頭警官はみんな中国人だった。大部分の中国人警官は英語を話せなかったが、片方の袖に赤い線が付いた警官は英語ができた。しかしブルースによれば、そのような警官でさえ初歩的な英語しか話せなかったという。

袖に赤い線を付けた警官を見付けたら、そばに行ってカントン・シアターへの道を知っているかどうか尋ねるのが私の役目だった。実際、近くにカントン・ロードはあったが、カントン・シアターはなかった。警官は眉をひそめ、カタコトの英語で「カントン・ロードに行きたいのか」と聞いてくる。そこで、「いや、カントン・シアターで友人と会うことになっているんだ。カントン・ロードがあることは知っているが、友人に会うのはロードではなくシアターだ」という長いセリフに入る。しかも、早口でけむに巻くようにしゃべる。警官はさらに混乱し、「カントン・ロード?」と繰り返す。そんなやりとりを何度か繰り返した後、私は警官に、広東語で「一体何をブツブツ言っているんだ?」と返す。このタイミングでブルースが現れ、「何か助けが必要か?」と私に尋ねる。私はブルースに向かって、「カントン・シアターへの道を尋ねているんだ」と答える。ブルースは「俺もカントン・シアターに行くところだから案内してやるよ」と答える。私たちは一緒に歩き出し、警官は自分が馬鹿にされたのではないかと思いながら立ち尽くす……という手口だ。

ブルースはまた、中国人の見物人の前で喧嘩のフリをして大喜びした。私たちは日課の練習をした。私が二発の大振りのパンチを放つと、彼はそれを前腕でブロックし、次に彼が私の腹に強烈なアッパー・カットを放つ。ブルースの師匠である葉問《イップ・マン》が住んでいた高層アパートの一階でエレベーターを降りたとき、私たちはこの技を成功させた。私たちはタイミングを計って、大声で言い争いながらエレベーターから出てきて、エレベーターを待っている人たちの前で寸劇に入った。ブルースは、大柄な外国人が小柄な中国人に負けるシーンを演出するのが面白いと思っていた。

このような一連の行動はブルースのユーモアのセンスの典型的なもので、冗談の対象者が、それが冗談だったことがわかるかどうかは関係ない。香港からアメリカに渡る前、ストリートでタフな男にばかにされたときのことを彼はこう語ったことがある。そのとき、ブルースはいつものように殴ったり蹴ったりして相手をやっつけるのではなく、女性的な振りを見せ、両手を上げて不格好な防御の姿勢をとった。タフな男が殴りかかると、ブルースはぎこちない腕の振りでパンチをブロックし、まるで偶然のように不器用に、男の股間に手の甲で一撃を見舞った。相手の痛みが倍増すると、ブルースは口に手を当てて笑い、腰を振って立ち去った。なぜそんなことをするのかと私が尋ねると、ブルースは笑って言った。「男が自分より大きかったり強かったりする相手に負けたなら、それを受け入れることができる。でも、もし女のようにナヨナヨした男に負けたと思ったら、彼は一生腹を立てるだろう」

ブルースはジョークが大好きだった。陳腐になりがちで、ときにはきわどい表現もあったが、決してみだらなものではなかった。彼のジョークは、中国人から見たアメリカ人のステレオタイプか、反対にアメリカ人から見た中国人のステレオタイプ、または両方を笑い飛ばすものだった。そのうちの一つは、香港を訪れたアメリカ人旅行者が仕立屋のウインドウの前を通りかかり、気に入ったスーツを見つける話だった。観光客は店に入り、仕立屋を外に連れ出してスーツを指さし、大げさなピジョン英語で「Suit—how muchee ?（スーツはいくらか？）」と尋ねた。ブルースはアメリカ人のピジョン英語のアクセントを真似て、何度か同じ言葉を繰り返した。そして、仕立屋の威厳ある態度を真似ながら、ブルースは正しいイギリス英語で「サー」と言った。そして、「あなたの母国語で会話していただければ、私たちの取引は非常にスムーズになりますよ」と続けた。

彼の好きなジョークの一つは、中華料理店でチャーハンを注文したアメリカ人のジョークだが、私はほかのジョークもいくつか覚えている。その中にはペットショップのオウムの話もあった。オウムは、誰かが「Mungafunga（ムンガフンガ）」と言うと、近くにあるものが消えてしまうという不思議な能力を持っていた。例えば、誰かが「あの椅子をムンガフンガ」と言うと、椅子はすぐに消えてしまうのだ。そのオウムが本当にそのような能力を持っているかどうか確認した後、ペットショップの客がそのオウムを買って、友人たちに見せるため家に持ち帰った。彼が最初にやってきた友人にオウムの能力を説明すると、疑り深いその友人が「Mungafunga my ass!（俺の尻をムンガフンガ！）」と嘲笑う、というのがオチだ。

また、別の少しきわどいジョークを、映画関係で家族と知り合いの女友達に広東語で話していたことを覚えている。その女性はジョークを面白がっていたようだが、ジョークを話して面白がっているブルース本人ほどではなかった。

なぜブルースのジョークをたくさん覚えているのかはわからない。ジョークそのものではなく、それを嬉々として話す彼の滑稽さがそうさせるのだと思う。

8章　異文化ショック

その夏、ブルースは完璧なホスト役を務め、私にさまざまな手ほどきをし、香港の日常生活や人々を紹介するために多くの時間を割いてくれた。ネイザン・ロードからほんの数ブロック離れた旺角《モンコック》の夜道は、行商人や屋台がひしめき、何かを買ったり、食事をしたり、ただその光景を見ようとする人々でごった返していた。特に覚えているのは蛇の檻で、売り子たちが客のためにその場で皮をむいてくれる。

いつもはブルースと、少し年上のいとこのフランクが、路地のナイトライフを案内してくれた。ロバートは夜遊びするにはまだ若すぎると思われていた。ブルースはしっかりした兄の役割を果たし、ロバートが以前のように路上で喧嘩したり、トラブルに巻き込まれたりしないように注意を払っていた。

やることはたくさんあった。私たちはよく外食をした。ほとんどは中華料理だったが、ブルースは私たちが何度か通った、あるロシア料理店も気に入っていた。その他、上海チャーハンや牛肉のオイスターソース炒めライスといった軽食もお気に入りだった。

また、ブルースは少なくとも週に一度は風呂屋に行き、お湯に浸かってからマッサージを受けるのが好きだった。水不足のため、家ではスポンジバスしか利用できなかったので、風呂屋に行くことは特別の楽しみだった。裸で浴槽の脇に横たわり、中国人のマッサージ師に筋肉をこねくりまわされるのは、正直言って少々不快だった。ブルースは、女性がマッサージをする店もあり、そこでは「追加サービス」もしてくれるが、男性のマッサージの方が手の力が強いので好きだと言っていた。

ブルースは大いにマッサージを楽しんでいるようで、強引なテクニックに対する私の反応を大いに面白がっていた。マッサージ師が親指と人差し指を私のアキレス腱の両側に深く食い込ませるのだ。そのマッサージ師は、私が飛び跳ねるのを見るために、わざわざその部分をつまんで、ハープの弦のように指先で引っぱったのだと思う。

もっとありふれたことにも時間を費やした。ブルースが最初に連れて行ってくれたのは、仕立屋だった。私が香港に持っていった服は、ブルースが「シャープ」と思っていたような代物ではなかった。当時の香港では、私が持参したわずかな小遣いでも、服を安く作ることができた。私たちは近所に店を構える家族御用達の仕立屋を訪ね、私は灰色がかった、ほとんど玉虫色のシルクでスーツを作ってもらった。自分でも、なかなか格好いいファッションだと思った。ついでに少しワイシャツも買った。そのスーツは三十USドルほどだった。ブルースも自分でスーツを何着か作った。彼は、ラペル（下衿）やサイドポケットの形、ゴージ（衿刻み）のカットや、フロントライン（前裾）の角のカーブについて具体的なアイデアを持っており、彼が望んでいるスタイルを絵に描いて仕立屋に見せた。ブルースはなんと優れた芸術家なんだと、初めて気が付いた最初の出来事だったように思う。後に格闘技の構えや動きをスケッチしたことからもわかるように、彼はイメージしたものを何でもスケッチできる、流れるように動く手を持っていた。

そのほか、印章店にも行った。中国では、署名ではなく、書類や美術品に、朱肉や辰砂を塗った印鑑で押印し、それを印章とする。私は自分と家族それぞれの印鑑を作ってもらうことにした。家族みんなに、円柱や四角柱の石印を選んだ。石印にはあらかじめ、動物やその他のデザインが彫られており、それ自体がすでに芸術品だった。西洋の文字で刻まれた印鑑は欲しくなかったので、家族みんな

1963年夏、香港にて、著者、エヴァ・ツォ、ブルース
ディビッド・タッドマン提供

にふさわしい漢字を選ばなければならなかった。

　私の場合は簡単で、ブルースからもらった中国の名前、白馬徳（Baak Ma Dak）の三文字と「印」の文字を使った。私の両親と兄弟は中国語の名前がなかったので、それぞれにふさわしい名前を考えることにした。私の広東語では到底無理だったので、ブルースがそれぞれの彫師に相談して、当て字を考えてもらった。末弟のカムは当時九歳だったが、すでに小さな仲間のボスだった。そこで、彼の中国語名は「小さなギャングのリーダー」というような意味の表現に落ち着いた。

　その当て字を彫師に伝えることになったとき、ブルースがかなり憤慨していたのを覚えている。どうやらブルースは、その名前が印鑑に彫る中国名としてはふさわしくないと思ったようだ。

＝＝＝＝＝

　ブルースはまた、アメリカへ飛び立つ前の子役時代から知っている映画界のいろいろな人を紹介してくれた。彼は二十本以上の映画に出演し、父親もそれ以上の作品に出演していた。家族ぐるみで業界の多くの人たちと良好な関係を保っていた。ブルースは何人かのスター女優も紹介してくれたが、そのうちの一人に私は軽い恋心を抱いた。残念なことに、彼女たちは誰も英語や北京語を話せず、私の広東語では意味のある会話を続けることはできなかった。しかし、若い女性のアパートに招かれてチャチャの練習をしたこともあって、とても楽しかった。

　一九五八年の香港のチャチャ・チャンピオンになったブルースは、自分の動きを忘れていなかった。私にもわかったが、彼はユーモアとともに優雅さを際立たせるユニークなステップをいくつも考案していた。彼はそのステップのいくつかを、若い女性と私に教えてくれた。私は、彼が自分のダンス・スキルを使って、ごく自然に、さりげなく、若い女性たちと時間を過ごしていることに感心し、とてもうらやましかった。

映画サークルの知り合いで、わざわざ私をいろいろな催しや小旅行に誘ってくれたのは、エヴァ・ツォという四十代半ばの親切な女性だった。ツォ夫人は有名な広東映画スターの夫人で、夫は二年前にアジア映画賞を受賞したと聞いていた。彼女は香港のありとあらゆる場所に連れて行ってくれた。香港側の山の頂上まで行ったり、新界では水田と水牛に囲まれた堀や高い城壁のある古い村を訪ねたりした。山に囲まれた小さな入り江では、漁船団やサンパンが砂浜に停泊し、小さな子供たちが裸で、穏やかな波の中で水しぶきをあげていた。

あるとき、彼女は私たちをゲストとして香港周辺の島々を巡るクルーズに招待してくれた。私たちは泳いで、香港島の反対側にあるアバディーンに到着し、水上レストランで夕食をとった。クルーズには多くの映画スターが乗船しており、ブルースは、十人ほどの女性スターがいるテーブルに、男性では自分と私だけが座れるように計らった。残念ながら、広東語ができない私は、彼女たちの誰とも話すことができなかった。

〓〓〓〓〓

夏の初め、ブルースは私にシャーリーという英語が上手な若い女性を紹介してくれた。彼女はキャセイパシフィックのグランド・スチュワーデスとして働いており、私より二、三歳年上だった。ブルー

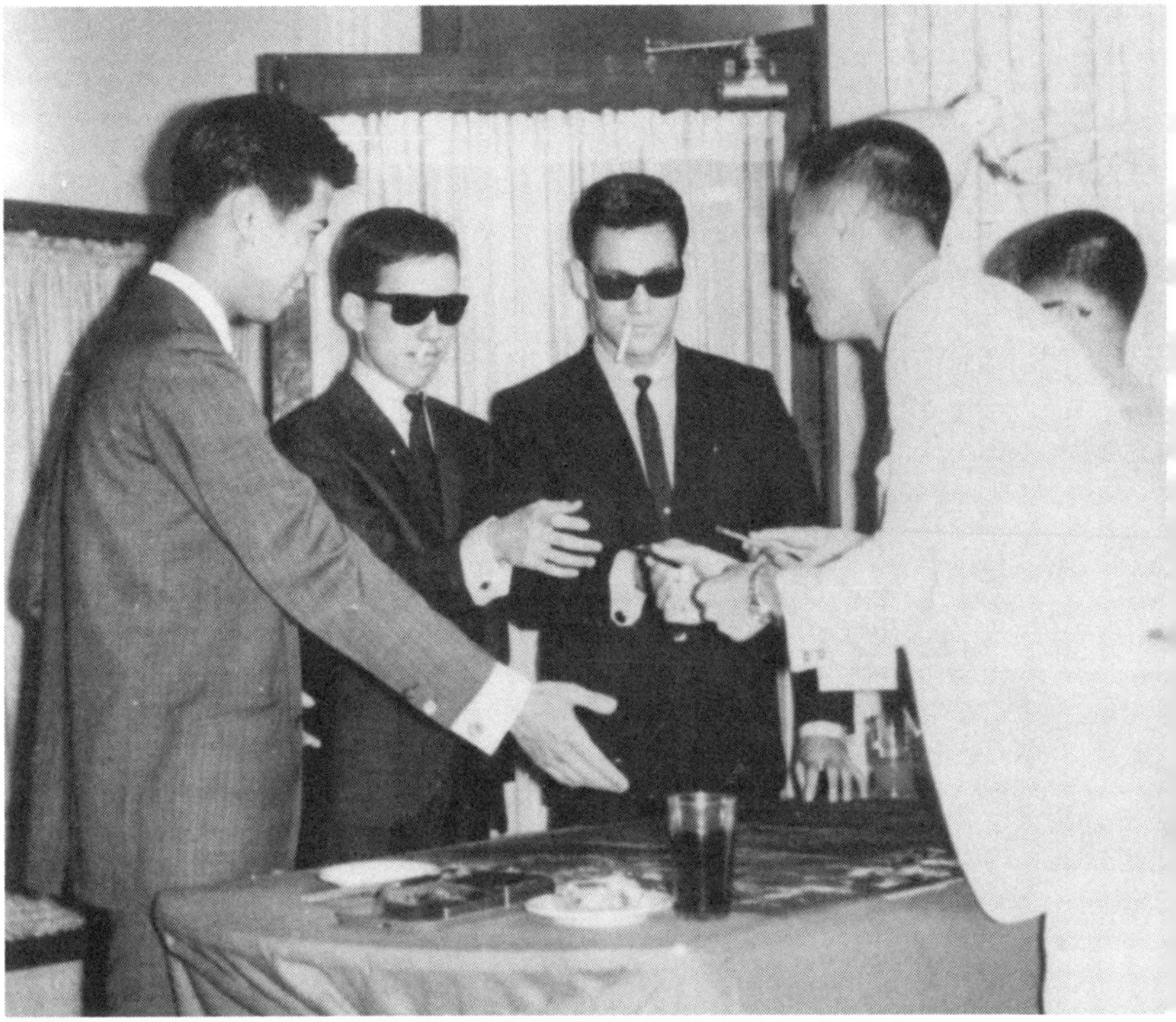

1963年夏、香港での結婚式で、ブルースと弟のロバートがギャングの真似に興じる

1963年夏、香港での結婚式で著者を友人に紹介するブルース

1963年夏、香港でのブルースやエヴァ・ツォらとの夕食風景

スも過去に彼女とデートしたことがあったが、彼女はそのことも、私との年の差も気にしていないようだった。私はすぐに、香港でのデートは、母国で慣れ親しんだものとはまったく違うことがわかった。

まず、香港の知り合いで車を持っている人はいなかった。仮に車を使えたとしても、それを使う意味はなかっただろう。渋滞はひどいし、駐車場は高くて大変だし、車の中で彼女と過ごすために駐車する場所もなかった。例外は、港を挟んだ香港側にあり、海岸と海からそびえ立つ急な丘の間にある遠隔地で、そこは人混みの喧騒から離れた場所だった。しかし、当時は車で香港側に渡る簡単な方法はなかった。九龍と香港側を結ぶ自動車トンネルが掘られるずっと前のことで、両岸を行き来する主な手段はスターフェリーのような旅客フェリーだった。

そのため、私はタクシーでデートの相手を迎えに行き、彼女をエスコートしなければならなかった。当時のタクシーの運転手は誰も英語（または北京語）を話せなかったので、私は広東語で道順を覚えなければならなかった。シャーリーはもちろん運転手に道を教えることができたが、私は彼女のアパートまで行き、夕方にはまた家に帰らなければならなかった。だから、最初に覚えたのは、彼女とリー家の広東語の住所だった。夏の間、私はこの二つの住所を広東語で何度も話したので、今でも声に出して言うことができる。

もう一つは、デートに行くなら、行く場所を決めて、その予約をしておくことだった。当時の香港では、映画館がとても混んでいて、特別な映画であれば、指定席のチケットを事前に購入しなくてはならなかった。言うまでもないが、デートでは映画館の後ろの方、できればバルコニーの席がベストだ。

〓〓〓〓〓

ブルースは、座席がすべて埋まっている映画館でデートするときの身のこなし方を教えてくれたが、それには、他の人から注意を引かずに、どうやって慎重に相手を愛撫するかという授業も含まれていた。シアトルでの授業中、ブルースはデートで「鷹の爪」の技を使うと冗談を言っていた。しかし実際には、彼はもっと繊細だった。

ブルースは漸進なテクニックを披露した。まず腕を彼女の肩に回し、もう一方の腕を胸に回して彼女の一番近い腕の上に置く。次のステップでは、指を徐々に動かして、彼女の腕と脇腹の間、胸の高さで脇の下のすぐ下に、できるだけ目立たないように忍び込ませ、やがて指を一本、さりげなく乳房の脇まで移動させた。そのほかにもいろいろあった。ブルースは私に、弟のロバートを使ってテクニックを練習させた。ロバートは私の寝台で隣に座り、私はその方法に従ってやってみた。ロバートにそのテクニックを使うのは問題なかったが、残念なことに、現場でそれを実行するのは苦手だった。

ブルースの場合、そのテクニックはもっと成功率が高かったらしい。彼によると、あるとき、映画館で楽しんでいると、前の列の男が何度も振り返って見ていた。そこでブルースは、映画に注意を向けさせるために、ついにその男の鼻をポンと強く叩かざるを得なくなったという。

香港に向かう飛行機の中で知り合った女性からもパーティーに誘われた。彼女は中国人とカナダ人のハーフで、偶然にも一年生のときのルームメイトが卒業したマサチューセッツ州レキシントンの高校に交換留学生として通っていた。彼女はとても魅力的で、もちろん流暢な英語と二つの方言の中国語を話すことができた。私は喜んで彼女の招待を受け入れた。彼女は香港側のピーク（太平山頂）に住んでいたが、それは彼女の家族がかなり裕福だということを意味する。パーティーは高級カントリークラブで行われた。

私は歩いてスターフェリーに乗り、港を渡ってタクシーでクラブに向かった。ブルースの家族は、私が新しいシルクのスーツを着てどこに行くのか尋ね、まるで私が火星にでも行くかのように思ったようだった。当時、プライベート・カントリークラブで英国人コミュニティーと付き合うのは、一部の裕福な中国人だけだった。ブルースの家族は、確かに経済的に安定していたし、中国社会では人脈

著者とユニス・ラム、後方にブルース。ユニスは後にブルースの兄、ピーターと結婚する。
デイビッド・タッドマン提供

も広かったが、そのような社交界に出入りすることはなかった。その夜は楽しく、日頃の生活とは対照的で面白かったが、私はブルースの世界にどっぷり浸かっていた。

香港ではダブルデートはしなかった。車がないことは、その点では大したことではなかったと思う。私とブルースは女性についてよく話をした。ある話し合いで、彼は中国人女性、特に裕福な家庭の女性は高飛車なところがある、と言った。彼は、妻は中国人でない方がいいという意見を持っているようだった。そのくせ、中国女性と何度もデートに出かけていた。彼は普段はあまり私生活について詳しく話さなかったが、あるとき、遠出から戻った後、帰り道に遭遇した小競り合いについて話してくれた。

彼は香港側で夜を過ごし（カントリークラブではなかったが）、フェリーで帰ってきた。彼はデートのために、自分でデザインしたスーツを着て、とてもきちんとした着こなしをしていた。どうやらその服装が、フェリーで彼の後ろに座っていた二人組の不良たちの目に留まったようだ。彼らはブルースの派手な服装について大声ではやし立てた。ブルースは彼らを無視し、フェリーが停泊するとネイザン・ロードに向かって歩き始めた。彼らはフェリー乗り場から彼の後をつけ、なじり続けた。ブルースが彼らから離れようと早足で歩くと、彼らはすぐ後ろをついてきて、さらに彼を嘲笑した。「何を急いでいるんだ、早くママのところに帰りたいのか?」。ついにブルースは我慢できなくなり、彼らに向かって振り向いた。一番近くにいた男の脛を靴の先で蹴った。その男はすぐに体を折り畳み、脛を押さえながら歩道を転がった。ブルースが二人目の男に振り向くと、彼はすぐに後ずさりし、両手を上げて手を引いたことを合図した。ブルースは振り返り、あとは誰にも邪魔されずに家まで歩いた。

いとこのフランクは、ブルースが帰ってきてからその話を聞き、首を振って笑った。「数年前にそんなことがあったら、ブルースはフェリーを降りたとたん、二人ともボコボコにしていただろう」と言った。

ブルースがときどき引用していた「グンフーには百の流派があるが、最も優れているのは、走って逃げることだ」という中国語の一節を思い出す。彼が何からも逃げなかったかどうかは疑問だが、どうやら彼は挑発の場面で自制心を発揮していたようだ。

〓〓〓〓〓

ブルースは、他の方法でも怒りを抑えることができることを披露した。ある晩、いとこの結婚式を祝うために家族や友人たちが集まった。一家のアパートの二階は人でごった返しており、食事のためのテーブルも余分に用意されていた。その祝賀ムードの中、私は、家族の人数が増えていることに気付いた。内扉は開け放たれ、鉄格子の外扉から何やら会話が交わされているのが聞こえた。父親でも従兄弟のフランクでもなく、ブルースが仕切っているようだった。

ようやくブルースが私のところにやってきて、何が起こっているのかを説明した。どうやら地元の乱暴な連中が人の出入りを見ていて、何かの祝いが行われていることに気付いたらしい。彼らは玄関のドアをノックし、「ご祝儀」を要求した。ブルースは私に、「外に出て威勢のいいことを言ってみろ。白い顔をしていれば、連中は引き下がるかもしれないし、イギリスの警官だと思うかもしれない」と言った。

やがて格子戸が開き、階段の吹き抜けでは激しい言い争いが続いていた。私は家族の誰かの脇をすり抜け、リーダーに歩み寄った。彼らは十代の不良ではなく、年配のいかつい男たちだった。リーダーはランニングシャツに短パン姿で、がっちりした筋肉質。無表情で強面だった。しかし、私は身を乗り出し、彼に迫った。「レイ・イウ・マティエ?」(何が望みだ?)私はできるだけ脅すような口調で話した。

男は瞬きもせずに私を見上げ、少しも怯むことなく淡々と答えた。私は彼が広東語で何を言ったのかわからなかったので、より大きな声で質問を繰り返した。「レイ・イウ・マティエ?」彼は立ち止まってまた答えた。ブルースはうんざりした顔で他の家族の間を通り抜けた。彼は男に何か言い、香港ドルを渡した。男達は去っていった。

部屋に戻って、私はブルースに、「なぜリーダーに立ち去れと言わなかったのか？　もし彼がしつこく要求するなら、階段からなぜ投げ落とさなかったのか」と言った。ブルースは、乱暴な連中を気にする素振りは見せなかったし、彼らを恐れていたわけではない。ブルースは十代の頃、ストリートのチンピラとよく乱闘していた。

「無駄だ。そんなことをしたら、ある夜、窓から石が落ちてくる。それよりも、奴らに数ドルを渡した方がいい」。一香港ドルは当時十七セント強の価値だったので、ブルースは約三十五セントに相当する金を彼らに渡したことになる。

この経験は私の心に強く残った。物理的な力ですぐに解決できそうな場合でも、問題を解決するにはもっと他に、そしてときにはもっと効果的な方法があること知ったのだ。

＝＝＝＝＝

ブルースに用事があるときは、ロバートや従兄弟のトニー、ツォイ・ジャイとよく遊びに出かけた。この三人は切っても切れない仲で、香港のことをよく知っていた。彼らは私を観光や小旅行に連れて行ってくれた。例えば、香港側のピーク・トラムに乗って、ビジネス街や港、その向こうに九龍や新界を見下ろす山の頂上まで登った。

遊園地に連れて行ってもらったときは、乗り物だけでなく、タバコや景品が当たるゲームもやった。そのゲームは、アメリカのカントリーフェアでよく見かけたようなものだった。

香港の遊園地のゲームも、アメリカと同じように八百長で、景品がめったに取れない仕掛けだとわ

ブルースの弟のロバート（左）、著者（中）、ロバートの友人のツォイ・ジャイ（右）、1963年夏、香港にて

かった。しかし、あるゲームを見た後、これはいけると思った。それは、金属製の目の粗い網の上に陶器の受け皿や小皿を格子状に並べたゲームだった。皿は十センチほどの間隔で、一列に十枚ずつ、六列ほど置かれていた。狭いカウンターがあり、係員が皿の列を取り囲むように立っていて、カウンターと皿の間はかなり離れていた。皿を並べた金属製の目の粗い網は、地面からテーブルの高さほど離れていた。金属製の網と皿を支える枠をベニヤ板が囲んでいた。このゲームでは、コインを一枚、皿の上に乗せればいい。しかし、何人もの人が運試しをするのを見ていると、コインを高く投げても低く投げても、皿に当たれば必ず跳ね返るか、隣の皿との間に滑り落ち、網目を通って下に落ちて消えていくことがわかった。

ロバートとツォイ・ジャイは、私が他の誰よりもかなり背が高く、カウンターに身を乗り出せばちょうど皿の一列目に手が届くことに気付いた。そこで、係員が私たちに背を向けている隙に、私は人混みをすり抜け、手を伸ばして最前列の皿の上にコインを置き、人混みに紛れ込んだ。

遊園地は人気があり、このゲームの周りには人だかりができていた。私が人混みに紛れ込むとすぐに、ロバートとツォイ・ジャイはコインを皿に入れたと叫び、景品を要求した。係員は振り返り、一列目の皿にコインが入っているのを見て二度見しそうになった。コインをひっくり返して、最初に当たった皿の上にコインを留めることは事実上不可能だった。たまに、コインを弾いて皿から跳ね返させ、後ろの皿の上に乗せることができた人がいた。しかし、そのテクニックは1列目の皿には通用しなかった。

係員は不審に思い、タバコの箱を渡すのに手間取った。彼は周りを見回したが、ツォイ・ジャイがどうやってコインを投げたかわからなかった。やがて係員が皿を並べるために後ろを向いたので、私はカウンターの上に手を伸ばしてまたコインを置いた。ロバートとツォイ・ジャイは景品をよこせと、また叫んだ。ツォイ・ジャイは小柄な割に声が大きく、かなりの喧噪を巻き起こしていた。カウンターの外にいた人たちは皆、何が起こったかを見て、とても面白がっていた。係員は、今度こそ何か怪しいと確信し、なかなかツォイ・ジャイに景品をよこさなかった。三度目の正直の後、係員は人混みの奥で私を見つけ、何人かの野次馬がニヤニヤしながら私を見ているのに気付いた。彼は素早く一列目の皿を取り除き、ブースの奥に積み上げた。二列目の皿は私でも届かないほど遠かったので、私たちのいかさまは終わった。

ロバートと彼の友人たちは、私が土産を買うときも付き合ってくれた。観光客の往来が多い尖沙咀《チムサーチョイ》のある店で、中国の風景や書が描かれた竹の皿を見つけた 私はロバートを通訳に使い、この皿をたくさん買ったらいくらかと尋ねた。店主が何か言うと、ロバートと彼の仲間たちは皆笑って答えた。後で聞くと、店主は私が買うものを高くしてくれたら、キックバックすると言ってきたらしい。私が家族の友人であると聞いて、彼はかなり慌ててた。

時折、彼らはブルースの鬼佬《グワイ・ロウ》（白人）の友人の面倒をみるのに疲れたようだ。そんなとき、彼らは私を容赦なくからかった。大学一年のときに傷つけた膝はまだ痛く、ひどい日には足を引きずることもあった。あるとき、彼らは私を追い立てると、半ブロック後ろをついてきて、私の足を引きずる真似を大げさにした。

彼らはまた、私の広東語アクセントを真似して楽しんだ。私が覚えた決まり文句の一つは、"Lei

"seung mseung tiu mou?"、つまり「踊りませんか？」という意味だった。"seung"の発音は私にとって特に難しかった。私が想像上の若い女性に語り掛ける決まり文句を苦しげに発音すると、みんなが顔を歪めて私の真似をしたものだ。

しかし、彼らは私を大いに助けてくれたし、私がトラブルに巻き込まれるのを何度も防いでくれた。彼らには、永遠に恩義を感じる。ほかの人たちもそうだが、彼らは私を家族の一員のように扱ってくれた。このことは、生涯に残るとても大切な経験になった。

ブルースはその夏、詠春拳の師匠である葉問《イップ・マン》と定期的に汗を流した。彼は私がグンフーを知らないふりをするように注意した後、一、二度、彼らのトレーニングを見に私を連れて行ってくれた。アメリカでは人種に関係なく興味のある人には誰でも教えていたが、香港だけでなくどこの国でも、中国人以外の人にグンフーを教えることはまだタブーだということを彼はよく知っていた。師への尊敬の念から、彼は中国人以外に教え始めたという事実を知らせたくなかったのだ。

その後、葉問《イップ・マン》はブルースの師としてよく知られるようになり、香港では彼を主人公にした格闘技映画が作られるようになった。しかし当時、葉問《イップ・マン》は香港の中国格闘技界以外では、よく知られていなかった。彼は九龍の高層ビルの最上階に近いアパートに住み、その一室をトレーニング・スペースとして使っていた。彼は小柄で控えめな男で、笑顔で目を輝かせ、ほとんど禿げ上がった頭頂部にはかろうじて見える程度の白髪が生えていた。当時七十歳近かったが、まだ健康で力強かった。ブルー

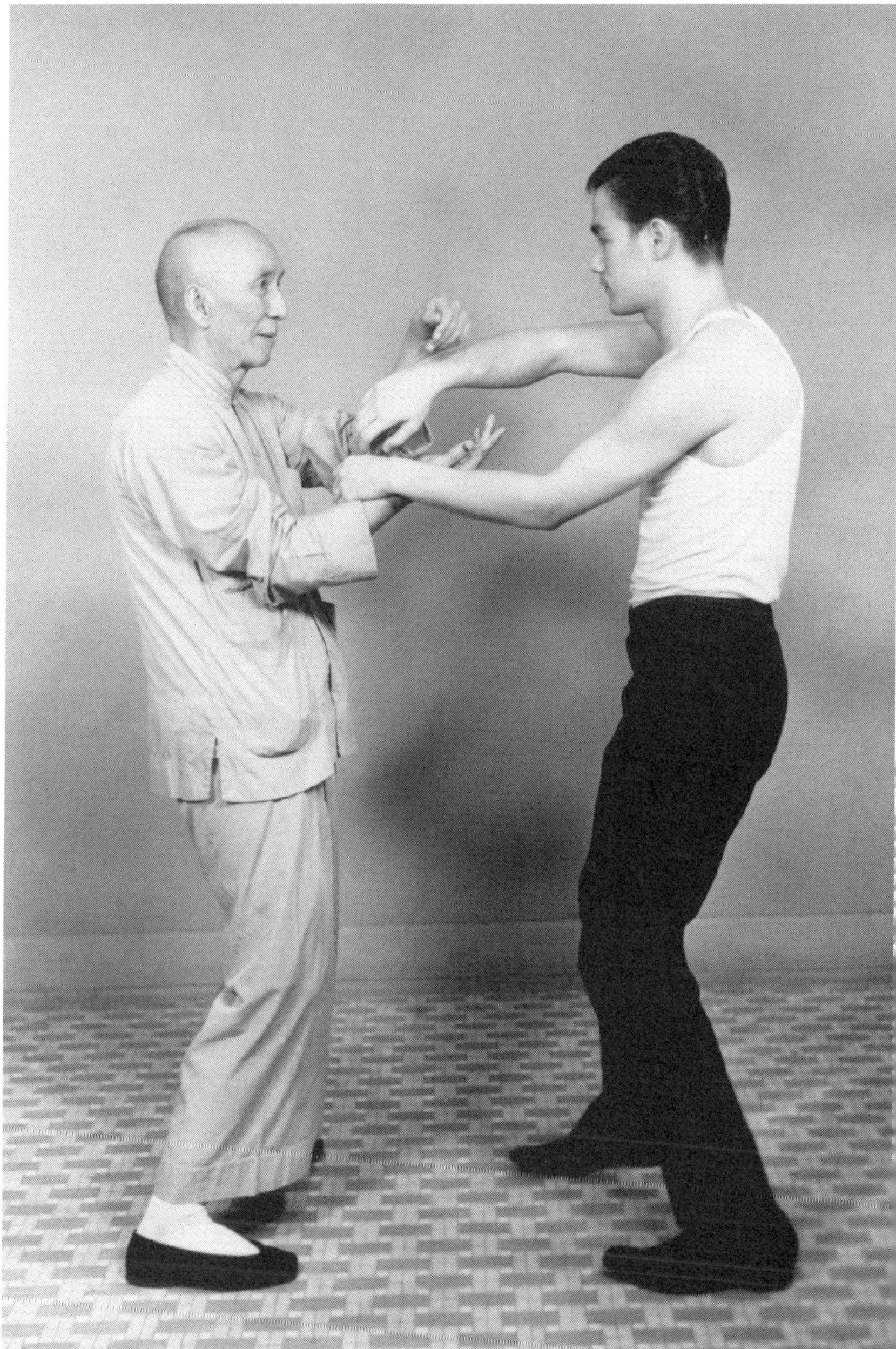

1963年夏、香港にて、葉問《イップ・マン》とブルースが黐手《チーサオ》を練習する風景
ブルース・リー・ファミリー・アーカイブ提供

スが私をアメリカから来た友人だと紹介した後、私が座って見ている間、彼らはアンダーシャツ姿で黐手《チーサオ》の練習をしていた。そこには、私以外、誰もいなかった。

ブルースの方が若く、おそらく強かったので、ある練習の後、私は軽率にもブルースに「先生より強いのではないか」と尋ねた。その質問が口から出た瞬間、私はその質問をしたことを後悔した。ブルースは、その質問が失礼だというような反応はしなかったが、質問をはぐらかし、葉問《イップ・マン》は年をとってきた、というようなことを言った。ブルースはそのとき、葉問《イップ・マン》より自分の身体能力の方が高いと考えていたのだろうが、礼を欠くので直接は言えなかったのだと、私は受け取った。そしてブルースは明らかに、葉問《イップ・マン》がまだ自分に教えるべきことがあると思っていた。

私は葉問《イップ・マン》の他の生徒には会っていない。ブルースが香港からアメリカに渡る前のある時点で、他の生徒たちがブルースを教室に加えることに抗議し、その後、葉問《イップ・マン》がブルースに個人的に教え始めたという話をどこかで読んだことがある。ブルースはそのことを私に言わなかったが、おそらく彼にとってはそれでよかったのだろう。彼は明らかに、教室の一員であることよりもマンツーマンのトレーニングを好んでいた。

また、一九六三年にブルースが香港に戻った後、詠春拳の上級生たちと一緒に練習しても上達しないことに苛立ち、グンフーをやめようと思ったという話も読んだことがある。だが、私はそのような様子を見たことがない。ブルースの妻のリンダもそうだった。ブルースはジェシーに「一九五九年に香港を離れたときは、詠春拳で六番目の腕前だったが、一九六三年に戻ってきたときは、黐手《チーサオ》を使って勝てなかったのは葉問《イップ・マン》、彼の助手、そして上級生一人の三人だけだった」と話していたようだ。

それは彼にとって、黐手《チーサオ》の上級者に打ち勝つ方法を開発し続ける原動力にはなっても、グンフーを諦める理由にはならないだろう。

≡≡≡≡

私は香港で何度か治療を受けた。最初の二回は西洋医学で、結果はまちまちだった。三度目は伝統的な中医学で、これには今でも感謝している。

ある日、ブルースは私に軟膏をよこしたが、残念ながら、吹き出物にはあまり効果がなかった。夏の終わりに、私はひどい喉の痛みに襲われた。ブルースの母親が西洋医学の医者に連れて行ってくれ、扁桃腺炎だと診断された。ペニシリンの注射と薬をもらって帰った。医者代、注射代、薬代を合わせて三ドルほどだった。

傷めた膝にも悩まされ続けた。香港に到着するまでに、怪我をしてから半年以上経っていたが、まだ良くなっていなかったので、秋に学校に戻ってから半月板の断裂を取り除く手術を受けても治らないだろうと、諦めていた。夏のある時期、ブルースの父親が知り合いの漢方医の話をしてくれた。彼は特に、関節の問題や骨折の治療に長けていることで知られていた。私の懐具合では、治療費の当てはなかったが、香港は何でも物価が安く、漢方薬の値段も安かったので、試してもいいかと思った。私はブルースの父親に試してみたいと伝えた。

数日後、中国人医師が現れ、その後も毎朝やって来た。彼は半ズボンをはいた背の低いがっしりした男で、陽気な笑顔と金歯が印象的だった。彼は自分の道具を持参し、その中には小さな炭火鉢と薬袋もあった。私は玄関にある椅子に座り、彼は泥パックのようなさまざまな薬草の湿布を用意し、火鉢の上で温めた。熱くなるのを待つ間、彼はしゃがみこみ、ニヤニヤしながらハンカチで眉間の汗をぬぐった。温まるにつれ、独特の薬の香りがしてきた。

湿布が熱くなると、彼は私の膝に湿布を貼り、私が痛みに身悶えしている間、膝をしっかりと押さえた。私は初歩の広東語で「痛い！ ホウ・イット！ 熱い！」と訴えたが、彼はさらにニヤニヤするばかりだった。しばらくすると湿布は冷め、彼はまた湿布を温めた。三十分ほどこの処置を何度か繰り返し、その後、彼は刺激性のあるオイルを膝に塗り、マッサージした。

数週間後、大きな赤い吹き出物が私の膝を覆った。医者は納得したようにうなずいた。これは菌、つまり「風」が出てきているのだと彼は説明した。私はそれが何を意味するのかわからなかったが、気にしなかった。膝は確実に良くなっていた。

当初の計画では、医者は三週間、毎日来てくれることになっていた。私はそれが妥当だと思ったし、必要であれば、帰国のために用意していた百ドルからいくらか負担する用意もあった。私は父に手紙を書き、治療のことを知らせ、さらに四十ドルを立て替えてくれるよう頼んだ。父は懐疑的な反応を示し、「頭が少しおかしくなったのではないか」と尋ねてきたが、四十ドルを送ってくれた。

三週間目が終わるころには、膝の状態は明らかに良くなり、その足を使って、半月板を断裂して以来できなかったキレのあるグンフーキックを再び繰り出すこともできるようになった。しかし、完全に治ったわけではなかった。ブルース自身の治療も必要だったため、私たちは出発予定日を何度か遅らせた。私は父から送られてきた四十ドルの追加分を使い果たし、帰りの旅費に手を付けるかどうか再び悩んだ。

ブルースの父親は、ある晩、ブルースと私が食卓を囲んでこの問題について話し合っているのを聞いていた。父親がブルースに何か話しかけ、ブルースは私に向き直って「治療がうまくいっているのかと親父が聞いているよ」と尋ねた。私はそうだと答えた。そのあと、父親がブルースにまた何か話しかけた。「治療が役に立っているのなら、治療費を出してやる」と言ったのだ。

私は、彼の心遣いに圧倒された。そして彼の寛大な気遣いを断るのは、申し訳ないとも思った。結果的に、私はそうしてよかったと思ったし、彼に深く感謝している。一、二週間の追加治療で、私の膝は新品同様になった。それ以来、バックカントリースキーでもグンフーの練習でも、膝に問題が生じたことは一度もない。

シアトルに戻り、家族ぐるみで付き合いのある年老いたドイツ人の主治医にそのことを話すと、彼は嘲笑した。「ばかばかしい」と彼は言った。彼によると、皮膚の外側に塗布して、そのような内部損傷を治すことができる物質は聞いたことがない」とのことだった。「もしそんなものがあったとしたら、西洋医学でも、何年も前に耳にしたことがあると思わないか？」私はそれでも「効いた」と主張した。彼は「全くの偶然だ」と言った。しかし、数年後に別の問題で受けた鍼治療と同様、効果は確かにあったのだ。

＝＝＝＝＝

香港滞在の終わり頃、ブルース自身が経験した治療は、それとは異なる種類のものだった。どういうわけか、彼は陰茎包皮を切除する手術を受けることにしたのだ。理由を尋ねると、父親の考えだと答えた。しかし、なぜ父親がそれに意味があると考えたのか、彼はきちんと説明しなかったし、私も彼に問いただきなかった。たぶん、アメリカの女性たちが好むものだと思っていたのだろう。

病院から戻ってきたブルースは、足取りもおぼつかなく、いつもはスタイリッシュでタイトなズボンを履いていたが、すぐに父親から借りたゆったりとしたズボンに履き替えた。手術が予想以上に大がかりなものであったことは明らかだった。私が両親あてにエアログラムに書いたように、彼は二、三週間、「ラバに股間を蹴られたように」歩き回った。

彼が病院から戻ってズボンを履き替えるとすぐに、家中の男たちが外科医の技を見ようと群がった。ブルースは腫れ上がった紫色の局部を両手でそっと見せると、同情の声が響いた。かなりドラマチックな光景だった。こんなことになるとわかっていたら、彼はきっと手術について考え直したに違いない。それからブルースと私がアメリカに発つまでの毎朝、私たちは輪になって集まり、前日の経過を点検した。ブルースは腫れ上がった股間を見せ、私たちは同情した。

結局、ブルースの治療には予想以上に時間がかかった。彼は一度自分のきついズボンをはいて外出したが、すぐにアパートに戻り、父親のゆったりしたズボンに履き替えた。あまりに痛かったからだ。私たちは当初、七月二十六日に東京とホノルルを経由してアメリカに戻る予定だった。手術を見越して、出発日を八月九日に変更した。その日が近付いてきたとき、私たちは再び出発を延期することにした。香港での毎日があまりに楽しかったので、私はエアログラムで父に、イェール大学に一年間の休学を願い出ようかと冗談を言った。私はブルースに、出発をさらに延期しようと提案したが、彼はこれ以上延期することに消極的だった。彼はターキーを教室の担当にしたが、ターキーは八月半ばに東部へ旅立つ予定で、ブルースは早く戻りたがっていた。そして八月十五日、私たちが出発する頃には、ブルースは十分に回復して、いつものスタイリッシュな服装に戻った。

1963年夏、香港、バイ・ジョンの構えをする著者

9章　ブルースとリンダの出会い

アメリカに戻る帰り道、私たちは東京に数日間立ち寄った。二人とも日本語はまったく話せなかったが、せっかく東京に来たのだから、東京の街を見てみようとブルースは考えた。羽田空港から電車に乗り（モノレールが開通したのはその一年後だった）、銀座から徒歩圏内の丸の内にあるビジネスマン向けのホテルに泊まった。

その頃には、股間の傷が癒えて、ブルースも楽に歩けるようになっていたので、二人で散策した。最初の夜は銀座のはずれにあるレストランに立ち寄った。ウェイトレスは英語を話せなかったが、日本では多くのレストランがショーウインドウにプラスチックサンプルを置いているので、私たちは欲しいものを指さすことができた。食後、香港やアメリカでのようにチップを置いた。

レストランから半ブロックほど離れたところで、後ろから騒ぎ声が聞こえたので振り返った。ウェイトレスが走って追いかけてきて叫んでいたのだ。彼女は着物を着て、ぞうりを履いていたので、あまり速く走ることはできなかった。私たちは立ち止まり、彼女が追いつくのを待った。

彼女は一息つくと、お辞儀をし、私たちがチップとして置いたお金を差し出した。彼女は日本語で何か言った。私たちは、何か忘れ物をしたのだと思った。私たちはチップのつもりでテーブルに置いたのだと告げ、大きな声で「チップ！」と何度も繰り返した。私たちは金を指差して、それから彼女の方を指差して、それが彼女のためのものであることを身振り手振りで知らせようとした。しかし通じなかった。結局、私たちはチップを取り戻し、彼女にお辞儀を返した。私たちが金をポケットに戻すと、彼女はレストランの名前とロゴの入ったマッチ箱を私たちに手渡し、またお辞儀をした。私たちは、日本の習慣が、自分たちが慣れ親しんできたものとは多少異なっていることを実感した。

ホテルに戻ると、ブルースがマッサージを受けようと言うので、フロントに電話をした。二人の中年女性がやってきて、私たちが同室の狭いツインベッドに並んで寝ると、力強いマッサージをしてくれた。二人とも英語はまったく話せなかった。

東京での唯一の思い出は、どこかで出くわしたアメリカ人ＧＩの二人連れだ。ある時点で会話は格闘技に流れ、私はアジアの格闘技の方が西洋のボクシングよりも実戦では効果的だと言った。というのも、さまざまなテクニックを使う上で、制約が少なかったからだ。ＧＩの一人は「フェアな戦い」について明確な見解を持っており、もし誰かが試合中に自分の股間を蹴るようなことがあれば、自分は復讐すると断言した。ブルースはこのやりとりの間、ほとんど黙っていた。私は、彼が彼独特の方法で自分の技のいくつかを男たちにデモンストレーションしなかったことに軽い驚きを覚えた。彼はまだ手術から完全に立ち直っていなかったのかもしれない。

＝＝＝＝＝

ホノルルに着く頃には、ブルースはかなり回復していた。私たちはワイキキ近くの安ホテルに泊まった。エルビス・プレスリーを教えた空手家のエド・パーカーが、なぜかホノルルにいた。彼は私たちの部屋に来て、ブルースと格闘技について語り合い、ブルースはグンフーのデモンストレーションをした。

それから一年後、ブルースがオークランドに引っ越した後、エドはロングビーチで開催された「エドの格闘技トーナメント」での「ワンインチ・パンチ」のデモンストレーションを、ブルースのために準備した。そのデモンストレーションを何人かの映画関係者が見たことが、後にブルースがハリウッドで活躍するきっかけになった。

ブルースはまた、ホノルルのグンフー学校でデモンストレーションをするように頼まれた。彼は私を、手伝い役として連れて行った。五十人ほどの生徒と数人の師範代がいて、みんな中国人だった。私は主にブルースのデモンストレーションの相手役として同行したのだが、私の立ち方や反応から、私がグンフーを知っていることは明らかだった。

その後、師範代の一人が私のところに来た。彼は三十代か四十代で、口にタバコをくわえていた。彼はブルースが私に教えているのかと尋ねたが、私はその意味が、ブルースは中国人以外にも教えているのかということだと気付いた。イェール大学の同級生でハワイ出身の中国人から、ハワイでグンフーを習っているのは中国人だけで、空手はほとんど日本人のものだと聞いていたからだ。しかし、デモの後、師範代に単刀直入に聞かれて初めて、そのことが理解できた。私は、ブルースは心から興味を持つ人なら誰にでも教えている、「中国人でも」と答えた。

その間に、何人かの生徒がブルースを取り囲んで追加の質問をしていた。彼はブルースに、ストレートキックをどのようにブロックするのかと尋ねた。ブルースはデモンストレーションを申し出た。その男は股間にストレートキックを放ち、ブルースは左手で足の甲を叩いてブロックした。ブロックの後、ブルースは両手を広げ、それがブロックのやり方であることを示した。しかし、男は足を地面につけていなかった。彼は足を半分伸ばしたまま宙に浮かせ、ブルースが両手を広げると、ブルースの股間を足ではじこうとした。「ほら」と彼は言った。「そこはすき間だったな」。

1963年夏、ホノルル、エド・パーカー（ブルースの右後）とそのグループと記念撮影
ブルース・リー・ファミリー・アーカイブ提供

ブルースの目に怒りが浮かんだが、直接返事はしなかった。彼はさまざまなテクニックの説明を続け、別のブロックのデモンストレーションを申し出た。男はそれに応じ、パンチを放ったが、今度はブルースがそれを防いで引かなかった。ブルースはパンチを捉え、男が空いた手で簡単にブロックできるようにゆっくりとカウンターを放った。その瞬間、ブルースはその手をつかみ、ラァプ・サオ（引き手）で引き下ろし、男の両腕を効果的に固定した。二回目の引っ張りの力とスピードで、男の全身がビクッと震え、タバコが口から飛び出すほどだった。ブルースは男の両腕を固定したまま、しばらく冷静に説明を続け、空いた手でさまざまな追撃パンチをデモンストレーションした。その度に、男の全身がまたピクピクと動いた。ついに復讐は完了し、

ブルースは男を解放した。

＝＝＝＝

ハワイの後、私たちはオークランドに立ち寄り、当時四十三歳だったジェームズ・リー（嚴鏡海）に会った。彼は車二台分のガレージをジムに改造し、特別な器具を備え、トレーニングに励み、グンフーを教えていた。

私には、ジェームズはブルックリン（ニューヨーク市の一部）訛りがあるように聞こえた。ブルックリンで育ったのかと尋ねると、彼は驚いたようだった。彼はずっとベイエリアで暮らしてきたのだ。ブルースとジェームズは格闘技に対する実践的な取り組み方を共有し、とても仲が良さそうだった。

そしてもう一つ、中国人以外の人たちにも自分たちの知識を伝えようとする姿勢も共通していた。ジェームズは私たちが滞在していたとき、弟子の一人であるアル・ノヴァックを家に招いた。アルは第二次世界大戦の退役軍人で、多くの戦場を経験した百四十キロ近い巨漢だった。ブルースがアルに黐手《チーサオ》をデモンストレーションしたとき、相手の大きさにかかわらず、ブルースが他の対戦相手と同じようにアルを動かしていたことに、私は感心した。当時ブルースが練習していた黐手《チーサオ》では、腕が相手と接触したときに、腕で一定の外向きの力を出さなければならなかった。相手が強ければ、腕はすぐに疲れてしまう。しかし、アルの体格でも、ブルースには何の問題もないようだった。

アルの腕はタトゥーで覆われており、それがさらに彼の肉体を堂々たるものに見せていた。はっきりとは覚えていないが、ある時点で、私は彼に「あなたは対戦相手の九十五％に勝てるに違いない」

と発言した。アルは「そんなことはない。タフな男はいくらでもいる」と答えた。謙遜しているのかと思ったが、彼は誠実そうだった。ブルースもジェームズも私の発言に反論しなかった。世界には、私がまだ出合っていないことがたくさんあるのかもしれない、と考えさせられた。

〓〓〓〓〓

シアトルに戻ってから、私は大学へ行くまでの数週間、グンフーの教室に戻った。その頃には、教室はユニバーシティ・ディストリクトの店先に移っていた。ブルースと彼の助手たちは制服を着て、生徒たちはTシャツの上に小さ目のベストを着ていたので、教室は以前より正式なものに見えた。ベストには、ブルースが振藩功夫國術館《ジュンファン・グンフー・インスティテュート》のためにデザインしたロゴが入っていた。ロゴは、様式化された陰陽のシンボルからなり、側面には湾曲した矢印が描かれている。大げさなものではなかったが、生徒たちが何か特別なものを着て授業を受けているのを見たのは初めてだった。

ブルースは相変わらずのジョーク好きだった。生徒の一人は検眼医で、ブルースにコンタクトレンズを提供していた。ブルースは、瞳孔から放射状に赤い静脈が走っている、灰色がかったレンズなど、いくつかのカラー・コンタクトレンズも作ってもらった。ブルースはコンタクトレンズを入れるために背中を向け、それから目を見開いて振り返り、充血したような目で人々を驚かせるのを楽しみにしていた。

ランストンも同じ教室だったので、練習が終わった後もブルースや私と一緒に過ごしていた。ランストンは、当時アメリカのチャイナタウンで多くの中国人が話していた広東語の方言、トイサン（台山）を話していた。ブルースは、自分が話す洗練された広東語でなく、ランストンが田舎の方言を使うので、それをからかった。

ランストンは気性の荒い男で、ブルースの後で二番手を勤めるのがつらいと感じているようだった。その結果、私たちがスパーリングをしたり、ふざけ合っていると、ブルースはランストンに対して少し厳しくなることがあった。ブルースがランストンを殴ったり、本気で痛めつけたりすることはなかったが、ブルースの前腕は、チーク材のダミーで長い間鍛えたので岩のように硬く、彼のブロックはパンチと同じくらい痛かったはずだ。

時々、ブルースはランストンを彼の家まで迎えに行ったり、送り届けたりしたが、ブルースはランストンの母親と仲が悪かったので、家に入ろうとはしなかった。私は高校時代のランストンとはあまり面識がなかったが、弟のマイクと私は次第に彼と仲が良くなり、私が大学に行っている間もマイクはよくランストンと付き合っていた。

一度だけ、マイクはランストンと一緒にワシントン州東部にある彼の実家の中華レストランを訪れたことがある。吹雪の中、スノークォルミー峠を越え、カスケード山脈を横断してシアトルに戻る途中、運転中のランストンが発作を起こした。車は道を外れて側溝に突っ込んだが、幸い二人とも軽傷で済んだ。マイクは、フロントガラスに頭をぶつけて額に傷をつくった。

＝＝＝＝＝

私が東部へ戻り、大学二年に進級する頃、ブルースはルビー・チョウの家を出る準備をしていた。

1963年秋、シアトル・ユニバーシティー・ディストリクトの教室
ブルース・リー・ファミリー・アーカイブ提供

私は香港から両親に、ブルースが新居を見つけるまで、家に同居させてやってくれないかと手紙を書き、両親は了承した。彼の計画では、ユニバーシティ・ディストリクトに教室用として借りた新しい部屋に引っ越すことになっていて、そこにはシャワーもあり、奥には彼が寝る部屋もあったが、まだ修繕されていなかった。ベッドが二つある私の寝室に弟のマイクが移り、ブルースは彼と同室となった。マイクによると、ブルースはよく夜遅くまで起きていて、陳腐なジョークを言い、オチをつけた後に布団の中でクスクス笑っていたという。

ブルースはユニバーシティ・ディストリクトの住まいに移るまで、一カ月ほど私の両親の家に滞在した。両親はブルースにも食事を提供したが、アメリカ料理は彼の口に合わず、彼はよくチャイナタウンやジャッキー・ケイの店に夕食を食べに行った。母はブルースの洗濯もしていたと思うが、彼が毎朝起きて自分の服にアイロンをかけることに感心していた。

彼が朝アイロンをかけているとき、私の弟が朝食のテーブルに座ってシリアルを食べていたことがあった。末弟のカムが大きなおならをした。ブルースはにやにやしながら彼を見て言った。「疲れているんだよ」。カムは困惑して彼を見返して「何？」と言った。すると、「君のお尻がいびきをかいたんだよ」とブルースが言ったそうだ。

マイクは高校三年生になったばかりだった。ガーフィールド高校ではボクシングとフットボールに打ち込み、その年はオール・シティのガードに選ばれた。マイクはグンフーを習わなかったが、ブルースがいつも観客を楽しませ、いろいろな技をデモンストレーションするのが好きだった。

その技の一つが鎖骨固めで、ブルースは指を鎖骨の裏側に食い込ませて相手を動けなくした。その

1963年秋、シアトル・ユニバーシティー・ディストリクトの教室
(上の写真) 手前はスー・アンと著者　(下の写真) 手前はランストン・チンとターキー・キムラ
ディビッド・タッドマン提供

技は痛かったが、後遺症は残らなかった。マイクが一度デモンストレーションを頼むと、ブルースはそれに応じたが、一度で十分だったそうだ。ブルースはまた、ランストンが早口でまくしたてたときにもこの方法を使い、ランストンを「カエルのように身動きが取れないように」したらしい。

あるとき、マイクはブルースに冗談で、「寝ているときにバットで殴って倒してやろうか」と提案した。ブルースは、「できるかもしれないが、最初の一撃が当たるようにしたほうがいいよ」と言ったそうだ。

＝＝＝＝＝

一九六三年の初秋、ブルースはリンダ・エメリーと出会った。彼女は高校三年のとき、ガーフィールドを訪れたブルースを見かけたことはあったが、実際に会ったことはなかった。彼女がワシントン大学の一年生になると、友人のスー・アン・ケイがリンダをブルースに紹介し、彼女はグンフーのクラスに参加した。

またその秋には、皮肉なことに、ブルースは停留精巣のために徴兵検査で落第した。なぜそれが陸軍にとって問題なのかは定かではないが、ブルースの戦闘能力に支障がなかったことは明らかだ。

クリスマス休暇でシアトルに戻ると、私はグンフー教室に復帰した。その頃には、ブルースとリンダは付き合っていた。リンダはまだ実家暮らしで、両親は異人種間の交際を認めていなかった。高校時代、彼女はユーラシア人の男の子と短期間付き合ったことがあった。そのときか、あるいはブルースと付き合っていたときか、彼女がどうやってそれをやってのけたのかはわからないが、クリスマス休暇中のあるとき、ダブルデートで両親をだまして問題を解決した。

リンダと同じ問題を抱えていた中国人の女の子を、私がデートに誘ったのだ。確かブルースが運転したはずだ。まずブルースと私がリンダを迎えに行く。彼女はキャピトル・ヒルに住んでいた。私が玄関まで行ってベルを鳴らし、彼女の両親に会った。私が前年にガーフィールドの卒業生総代を務め、当時イェール大学に通っていたこともあってか、両親は和気あいあいとした雰囲気だった。

次に私たちはビーコン・ヒルにデートの相手を迎えに行った。今度はブルースがドアを開けた。ワシントン大学に通う礼儀正しい中国人の若者として、彼女の両親はブルースに満足していた。彼女たちが車に乗った後、私たちは交代した。

どこに行ったかよく覚えていないが、おそらく映画を見に行ったのだろう。だが、その夜のことは覚えている。デートを終え、彼女を家まで見送ったとき、私はおやすみのキスをされた。かなり上品なものだったが、ブルースは後に、「ちゃんとした中国人の女の子は最初のデートではキスはしない」と教えてくれた。

ブルースとリンダ
ブルース・リー・ファミリー・アーカイブ提供

10章　オークランドの挑戦試合

ブルースが執筆していた本は年末に出版され、彼が完成させた最初で唯一の本となった。後年、この本が伝統的なグンフーを提唱しているような印象を与えるので、彼は出版社に制作中止を求めたと言われているが、当時はその本の著者であることを非常に誇りに思っていた。

クリスマスが過ぎて間もなく、ブルースとリンダはオークランドまでジェームズ・リーを迎えに行き、それからエド・パーカーを訪ねるためにパサディナまで車を走らせた。リンダは両親に、元旦にローズボウルのハスキーズ戦を友人たちと見に行くと言ったが、試合には行かなかった。リンダによると、ブルースはフットボールには関心がなかった。旅行中、ブルースは新刊本を手に取った。

私は、彼がグンフー教室で自分の本の宣伝をしたという記憶はないが、クリスマス休暇が終わり、私が大学に戻った後、ブルースはシアトルに戻って教室で本を生徒に見せたのは間違いない。

この年はブルースにとって波乱に満ちた年だったが、来る一九六四年はブルースが生まれてから二度目の辰年であり、重要な年となるはずだった。彼の計画は、ワシントン大学を中退し、オークランドに移ってジェームズ・リーと新しい学校を始めることだった。年が明けると、彼はジェームズと頻繁に電話で話し、シアトルの学校を引き継がせるためにターキーを説得した。同時に、リンダとの関係もより真剣なものになっていった。

一方、私のイェール大学での二年目は、最初の一年間と同様、暗い見通しだった。一年で退学することも考えたが、惰性で大学に戻った。そして二年次の中国語と一年次の日本語（どちらも集中講義）、それに中国史と数学のクラス（n-次元射影幾何学）を取っていた。だが、幸運なことに、日本語の授業は意図しない素晴らしい結果をもたらした。

チーク材のダミーで練習するブルース
ブルース・リー・ファミリー・アーカイブ提供

ある日、日本人講師が手紙を持って教室に入ってきた。彼は首を横に振りながら、それをテーブルの上に置き、私たち生徒に読むよう指示した。私たちは一人ずつ手紙を読み、それを次の人に渡した。クラスには五人しかいなかった。そして、私が最後だった。

その手紙は、当時女子校だったヴァッサー大学の日本人学生が書いたということになっていた。それによると、イェール大学には優秀な日本語学科があると聞き、ジュニア・プロムに誰かを招き、日本語を話して週末を一緒に過ごしたいという意向だった。クラスの他の四人は大学院生で、すでに結婚しているか真剣な交際をしていた。ホルモン分泌が盛んな独身青年は私だけだった。私は手紙をポケットに忍ばせ、「私が引き受けます」と言った。私はすぐにその手紙に返事を出し、プロムに参加するために、ヒッチハイクをしてヴァッサー大学まで行った。それが、後に妻となる後藤紀子との出会いになった。

後でわかったことだが、その手紙は紀子の友人たちがいたずらで書いたものだった。私の返事を受け取ったとき、彼女はすでにプロムの相手と約束をしていた。しかし、彼女はそのデートをキャンセルし、私が到着すると、週末を丁重にもてなしてくれた。

その夏、私は大学進学のための資金を稼ぐため（そして前年の夏の香港旅行の借金を父に返すため）、シアトルに帰った。そして、紀子はニューヨーク万国博覧会で仕事をすることになった。私がシアトルに着いて間もなく、ブルースはオークランドに向かっていた。

ブルースは七月、ウォーリー・ジェイのサマー・ルアウに間に合うようにオークランドに移った。半年に一度、豚の丸焼きが振る舞われるこのイベントには、格闘技関係者を含む千人以上が集まり、入場料は彼の柔道教室の生徒たちが他都市の試合やトーナメントに参加するための資金源となった。ジェームズ・リーに促され、ブルースはこのイベントでデモンストレーションを行うことになった。ジェームズは何が起こるかわかっていたので、座って面白がって見ていた。

ブルースのパフォーマンスは誰が見ても衝撃的だったが、同時に意見の対立を招いた。彼のワンインチ・パンチと間合いを詰めるスピードは観客の多くを驚かせた。しかし、伝統的なグンフー流派に対する、細かくて露骨な批判は、他の多くの人たちの反感を買った。

ブルースはジェームズのガレージで教え始め、その後すぐに新しい場所で、振藩功夫國術館《ジュンファン・グンフー・インスティテュート》を開いた。ブルースはまだエド・パーカーがやっているように、提携学校の運営を考えていた。ターキーは、シアトルにある元の学校の経営を任されていた。オークランドの学校が二校目となった。そして八月に入った。

その月の初めに、エド・パーカーが二年近く前から計画していた初のロングビーチ国際空手道選手権大会が開催された。公式プログラムには、ブルース（中国・香港のグンフーの達人）、ジョン・リー（空中キックの天才）、エド・パーカー（アメリカにおける空手のパイオニアの一人）など、デモンストレーションを行う「世界的に有名な専門家（中略）」が多数名を連ねていた。ブルースは、大会に出場していたエド・パーカーの弟子の一人、ダン・イノサントに手ほどきを受けた。ダンは空手に加えて、棒やその他の武器を使うフィリピンの格闘技であるエスクリマやヌンチャクの達人でもあった。ブルースのデモに感銘を受けたダンは、イベント後にブルースと一緒に過ごし、ブルースが彼の動きを制御する方法に「仰天させられた」という。

ブルースのパフォーマンスはウォーリー・ジェイのルアウで行ったものと似ていたが、国際空手道選手権大会では、格闘技界だけでなく、ハリウッドの著名人も詰めかけ、はるかに大勢の観衆の前で披露された。そのとき彼は予想していなかったが、このパフォーマンスが連鎖的に、彼をさらに南に、つまりロサンゼルスに引き寄せるきっかけとなった。

そして、ベイエリアにいたブルースは、リンダとの長電話に多くの時間を費やしていた。彼女は妊娠しており、二人は結婚を決めた。彼女の両親が賛成しないことは分かっていたので、当初の計画どおり駆け落ちするつもりで、彼はシアトルまで飛んで行った。ところが、その知らせが漏れてしまい、二人は緊急に招集された家族会議に出席することになった。ブルースは彼女の両親の祝福を得ることを望んだが、それはかなわなかった。

両親はリンダがブルースと付き合っていることを知らなかったし、異人種間の恋愛に反対する姿勢は変わっていなかった。リンダが妊娠していても、両親は動じなかった。しかし、リンダが引き下がろうとしなかったので、家族はしぶしぶ結婚を承諾した。二人は一九六四年八月十七日、シアトルの会衆派教会で急遽準備された結婚式を挙げた。ターキーは花婿の付添人代表を務め、家族以外の唯一の出席者となった。

＝＝＝＝＝

同じ頃、紀子はニューヨークで大きな交通事故に遭い、しばらく入院していた。彼女は仕事に復帰することができなかったので、私たち家族は、残りの夏を一緒に過ごそうと、彼女をシアトルに招いた。あるとき、私はシアトルにいたブルースに彼女を紹介した。

ブルースは完全にブルース・モードだった。紀子は武術家ではなかったし、特に武術に興味もなかった。ブルースはグンフーの説明に加えて、女性を「訓練」する独自の方法を彼女に説明した。彼女はその話に不快感を覚えた。それどころか、ブルースは傲慢で、自己中心的で、男尊女卑の考え方だと思った。そして、「私はあんな人には我慢できない」と言った。

紀子の考えは、その後、私自身が何度も自問自答したことと重なる。ブルースは脚光を浴びるのが好きで、部屋中の酸素を吸い尽くす傾向があった。数少ない興味のある話題に集中しないと、すぐに会話に飽きてしまう。しかし私からしてみれば、彼は私がどうしても学びたい知識を持っていた。彼を注目の的にすることは、ある意味の入場料であり、私にとっては安いものだった。大学の休み中、彼に会う度に、ブルースは何か根本的に新しいものを見せてくれた。

あるときは、ブロークン・リズム（戦いのリズムを崩す）の技だった。デモンストレーションのために、彼は私にパンチをブロックするようにと言った。フルスピードのパンチをブロックすることはできなかったが、それは浮き上がっているように見える半速パンチだったので、私は簡単にブロックしようと手を動かした。しかし、彼の拳の動きは揺らぎ、まるで昔の映画フィルムが、映写機でリールの回転を再開する前に一瞬引っかかったかのようだった。拳はブロックの直後に私の手を通り過ぎ、私の鼻から三センチのところで止まった。何度試してみても、私はその半速パンチをブロックすることができなかった。

彼が新たに進化させた知識に触れるだけで十分だったかもしれないが、ほかにも私が彼に引かれた二つの要因があった。一つは、彼が私より四歳年上だったことだ。四人兄弟の長男だった私には兄がおらず、おそらく無意識のうちに兄に憧れていたのだろう。ブルースはその役割を果たしてくれた。二つ目は、私は東部の大学に通っていたが、ブルースはオークランドで過ごすことが多くなっていたため、会う機会が減っていたことだ。

年月が経つにつれ、紀子の態度は変わっていった。ブルースが亡くなる一年前に香港で最後に会ったとき、彼女は彼がかなり成長したと思っていた。

〓〓〓〓〓

結婚して数日後、ブルースとリンダはジェームズ・リーの家に住むためにオークランドに飛んだ。悲劇的なことに、ジェームズの妻キャサリンはガンと診断され、数週間後に亡くなった。リンダは残された雑事を手伝い、ジェームズを慰めた。

八月末、ブルースはサンフランシスコのチャイナタウンにあるサン・シン・シアターで格闘技のデモンストレーションを行うことになっていた。その劇場には、ブルースが生まれる二十年前、父親が広東オペラの役者として出演していた。チャイナタウンの格闘技コミュニティーの多くの人々は、この傲慢な新参者が、ウォーリー・ジェイのルアウやロングビーチ空手選手権で行ったとされる、伝統的なグンフーへの批判を繰り返すかどうかを見るために集まった。ブルースは観衆の期待を裏切らなかった。そこでのデモンストレーションは、ブルースへの挑戦試合の中で、最も有名で物議を醸した、ウォン・ジャックマンとの試合に直接つながったと言われている。

グンフーのデモンストレーションは、彼が香港の映画スター、ダイアナ・チャンと行ったチャチャのエキシビションの余興のようなものだった。前年の夏に香港に戻った際、彼は香港映画界に何人かの人脈を築いており、その結果、ダイアナの最新作のプロモーション・ツアーに同行することになった。ブルースはこの仕事を引き受けたが、同時にグンフーのデモンストレーションを行うことが条件だったようだ。

ブルースがデモンストレーションの中で焦点を当てたことの一つは、相手との間合いを詰めることだった。それは、相手が反応する前に、相手の射程を超えた距離から素早く間合いを詰める能力のことだ。彼は度々、デモンストレーションのために観客からボランティアを募った。サン・シン・シアターでは、そのボランティアは少なくとも最初の一撃をブロックできたようだ。ブルースの打撃がボランティアによって本当に何度もブロックされたのか、それとも一度だけで、二度目はブルースが過剰に手加減して実際に接触したのか、証言は異なる。しかし、ボランティアがブルースの攻撃を何度もブロックできたとは考えにくい。一度でもブロックできた者はほとんどいない。仮にブロックできたとしたら、ブルースはなぜリズムを崩す技を使わなかったのだろうか？

また、デモンストレーションの最後に彼が言った言葉が、サンフランシスコの練習生に対する直接的な挑戦であったかどうかについても、証言は分かれている。ある説では、「中国の兄弟たち」が彼の詠春拳を「研究したい」ときは、いつでもオークランドにある彼の学校に来ればいいと、ブルースが言ったという。また、もっと直接的な挑戦もあった。ブルースは当時、新しい学校の生徒を募集しようとしていた。募集するために書いた一文がそれだ。彼は、さまざまに解釈できる巧みな言い回しの達人でもあったが、入学希望者に自分の学校を見学してもらうための招待状でありながら、まるで挑戦者に投げつけられた挑戦状と受け取れるような言い回しをしたのだ。

サン・シン・シアターでのブルースのデモンストレーションの余波で、ウォン・ジャックマンからの挑戦状がオークランドのブルースに届けられ、ブルースはそれを受けて、時間と場所についての長い交渉が行われた。そして、ウォンと五人の仲間は、一九六四年十一月初旬にブルースのオークランドの学校に到着し、試合が行われた。しかし、この挑戦の理由と、試合そのものの詳細、つまり最初の動きから試合経過、そして結末に至るまで、いまだにすべてが論争の的となっている。その場に居合わせなかった人々によってさまざまないきさつが語られたが、結局、この試合の結果は羅生門の様相を呈している。私もその場にはいなかったが、ブルースとリンダの二人から直接話を聞いたことがある。そして、何が起こったのか、私なりに考えてみた。

挑戦の理由として挙げられている二つの理由は、ブルースが非中国人にグンフーを教えていたことと、サンフランシスコの武術界が彼にそれをやめるよう求めていたことだ。そして、サン・シン・シアターでのブルースの発言はサンフランシスコの武術界を相当侮辱し、その侮辱に報復する必要があると考える者もいた。

私は、ブルースから、サンフランシスコの武術界からの挑戦の理由を聞いた覚えはない。リンダは、「あの挑戦は、ブルースに彼の学校を閉鎖させるためだったと思う」と言っていた。彼女はブルースから、そう聞かされたという。マシュー・ポリー（『ブルース・リー伝』の著者）は著書の中で、「ブルースが彼女にそう言ったのは、実際の理由よりも聞こえが良かったからではないか」と推測している。また、「ブルースは一九六四年までにサンフランシスコのいくつかのグンフー教室で中国人以外の生徒を教えていたが、誰もそれを止めようとはしなかった」と指摘している。そして、古典的なグンフーを痛烈に批判するブルースのサン・シン・シアターでの解説は、間違いなく多くの人々を怒らせた。そして、ブルースが非中国人を教えたことで、悪意はさらに増したかもしれない。主に中国人に教える教室で、数人の非中国人を教えることと、生徒のほとんどが非中国人の教室で公然とグンフーを教えることは別である。私は、ブルースが非中国人に教えることが、強い反感をかき立てたのは間違いないと思う。彼がサン・シン・シアターでダン・イノサントとデモを行い、非中国人にグンフーを教えているという事実をあからさまにしたことが、問題をこじらせたかもしれない。ブルースが非中国人を教えたことが、挑戦の一因になったはずだ。

ウォン・ジャックマンとその仲間たちが約束の日に現れると、ブルース、リンダ、ジェームズ・リーが出迎えた。ある証言によると、ジェームズはウォンたちが入って来た後、玄関のドアに鍵をかけ、スタジオの裏手に隠れて拳銃を隠し持っていたというが、それは疑わしい。しかし、ジェシーによれば、「ウォンの仲間が戦いに加われば、自分とジェームズは果たして勝てるだろうか、という考えがブルースの頭をよぎった」という。

ウォンのグループは、股間へのキックや頭部への打撃は禁止など、試合の基本ルールを決めようとしたが、ブルースはどんな技も自由に使う試合だと主張した。この時点から、試合そのもののやり方が大きな点で異なっていた。

最初の一撃はブルースが放ったものらしいが、それがパンチだったのかアイ・ジャブだったのかについては意見が分かれている。ポリーは「ウォンの目をめがけてまっすぐに放たれた四本指の槍だった」と主張している。しかし、アイ・ジャブだと主張したのはウォン本人だけだったようだ。ポリーは注記の中で、「ウォンの仲間の一人であるデイビッド・チンがパンチと記憶していたことを認めたが、指突きはブルースが好んだ技の一つであり、『執拗に練習したもの』であることから、ウォンの言い分が正しい」と結論付けた。指突きはブルースの「得意技の一つ」であり、「執拗に練習したもの」であり、ウォンのような長身の相手には絶好の攻撃だったからだ。

リンダは、デイビッド・チンと同様に、ブルースの最初の一撃をパンチと記憶している。私に対するブルース自身の説明も同じだった。ポリーの推測通り、ブルースがアイ・ジャブを万能の武器として重要視し、よく練習していたことは事実だ。しかし、彼が練習したのは二本指のジャブであって、「四本指の槍」ではない。さらに重要なのは、彼が練習したからといって、実際の試合で、たとえルールがないと宣言されている試合でも、それを使ったとは限らないということだ。彼がいつも試合をしていた香港でも、シアトルでの空手挑戦者との試合を含むその後のアメリカでの試合でも、アイ・ジャブを試合で使ったという話は聞いたことがない。命懸けの戦いだと思えば、間違いなくアイ・ジャブを使っただろうが、当時の彼にはそう考える理由はなかった。彼は以前、もっと恐ろしい相手と何度も対戦していた。私は、ブルースは間合いを詰め、ストレートの連打で口火を切ったのだと思う。

ブルースのパンチの連打の後、ウォンは身を翻して走り、ブルースは彼を部屋から部屋へと追いかけ、またドア越しに戻ってきたと、ウォン以外の全員が証言している。ブルースは数年後、私にユーモアを交えてその戦いを語ってくれた。ウォンは走って逃げ、ブルースは後ろから追いかけ、ウォンの後頭部を殴ろうとした。彼はジェシー・グローバーにも同じ話をした。

ウォンの主張の一つに、彼はある時点でブルースにヘッドロックをかけ、殺傷力のある一撃を与えるのを控えたというものがある。しかし、彼の仲間を含め、その場にいた誰もその主張を支持していない。

もっと不確かなのは、ウォンが「降参」したかどうかだが、私は降参したに違いないと思っている。ウォン以外の全員が、「ウォンは仰向けになり、ブルースが彼の上に乗って降参するかどうか迫っていた」と認めている。ブルースはようやくウォンに追いつき、ウォンを地面に倒したとき、自分は息切れしていたと私に語った。ブルースは喘ぎながらウォンの顔に拳を突きつけ、降参を迫った様子を再現して笑った。パンチを繰り出すエネルギーが残っていなかったので、ブルースはウォンが降参してくれてよかったと話していた。

ある説では、ウォンは逃げているときにつまずいた可能性があり、ブルースは彼の上に乗って降参するよう迫ったが、ウォンは降参しなかったという。しかし、ウォンが屈服しなければ、殴って気絶させたウォンをブルースが起き上がらせたとは私には思えない。リンダはウォンが降参したと、断固として主張している。

私が最近、初めて聞いた話の詳細は、ウォンが手首にスパイクのついた革のブレスレットを長袖で隠しながら試合に出ていたということだ。この話によると、彼はブルースから逃げている間に突然立ち止まり、ブルースの首に空手チョップを放ち、ブルースは血を流したという。リンダは、スパイク付きのブレスレットの話はもちろん、ブルースが血を流したこともまったく覚えていない。この話はウォンの仲間の一人が流したものらしいので、私はそれを聞いて驚いた。もしそれが本当なら、一般に認められている試合の規則に著しく違反しており、ウォンにとって非常に不利に働くだろうからだ。ウォンの証言によれば、少なくとも彼らが到着した時点では、「この試合は友好的なものだと思っていた」というから、二重の驚きである。

試合はわずか三分で終わったが、ブルースはガス欠状態だった。試合が長引いたこと、もっと素早く効率的に相手を倒せなかったことに苛立ちを感じていた。ブルースは頭の中で何度も試合を繰り返した。彼はすでに格闘技に対して新しい考えを持ち始めていたが、ウォン・ジャックマン戦はその考えを加速させた。試合において重要な要素であるスタミナにもっと注意を払うことを決意し、定期的にランニングを始めた。

試合後しばらくして、ブルースとリンダは別の仕事でサンフランシスコのチャイナタウンにいた。ウォン・ジャックマンがウェイターとして働いていたレストランが近くにあった。ブルースは気まぐれに、ちょっと立ち寄ってみようとリンダに提案した。二人は歩道に立ち、窓から店をのぞき込んだ。リンダの話によると、ウォンはブルースを見つけたとき、客にお茶を注いでいる最中だったが、注いでいたお茶がカップから溢れ、テーブルの上にこぼれたそうだ。ブルースとリンダはそのまま歩いて立ち去ったという。

11章　ハリウッドからの呼び声

ブルースにとって、一九六四年が記念すべき年であったとすれば、一九六五年は迷走の年だった。この年は二つの吉事から始まり、その後、運気が停滞した。最初の吉報は、ハリウッドからの突然の電話だった。もう一つは、ブルースとリンダの息子ブランドンの誕生だった。

一月下旬、オークランドのジェームズ・リーの家に、ハリウッドのテレビプロデューサー、ウィリアム・ドジャーから電話がかかってきた。彼は『チャーリー・チャンズ・ナンバーワン・サン』というシリーズを企画しており、架空の名探偵の息子が父親殺しの仇を討つというストーリーだった。ドジャーはこの役にアジア系の俳優を起用したいと考えていたが、当時のハリウッドでは急進的な考えだった。

ドジャーはこの役にふさわしい人物をキャスティングするのに苦労していた。そんな折、前年八月のロングビーチ空手選手権大会でのブルースのデモを見たハリウッドのヘアスタイリスト、ジェイ・セブリングからその話を聞いた。セブリングは、後にチャールズ・マンソン一味によるシャロン・テート殺害事件の被害者の一人であり、ハリウッドのゴシップの中心人物だった。ブルースはその話を聞くまで、ハリウッドのことなどまったく考えていなかった。しかし、逃すにはあまりにも大きなチャンスだった。彼は、出産間近だったリンダと、スクリーンテストのためにハリウッドに飛ぶことに同意した。

ブランドンは二月一日に生まれた。その三日後、ブルースはスクリーンテストのためにロサンゼルスに飛んだ。彼は緊張のあまりテスト中に吃音になったが、それでもカリスマ性があった。

オークランドに戻った直後、ブルースは父親が亡くなったという知らせを受けた。彼はリンダとブランドンをシアトルに送り、リンダの両親のところに滞在させ、葬儀のために香港に戻った。結婚に対するリンダの母親の態度は、孫が生まれてもあまり変わっていなかった。リンダによると、彼女がブランドンを連れてシアトルの実家に到着したとき、母親の最初の反応は「よく黄色い赤ちゃんを連れて帰れるわね」というようなものだった。彼女の母親は時代の産物だったが、次第にブルースと孫たちを尊重し、愛するようになった。私の親戚の中にも、結婚当初はリンダの母親と同じような態度をとっていた者がいた。私が紀子と結婚したとき、叔父の一人が父に「どうして息子を『鼻ぺちゃジャップ』と結婚させたのか」と尋ねたものだ。一方紀子の実家は、娘が外国人と結婚することを認めず、紀子は勘当された。

ブルースは香港に三週間滞在し、悲しみに暮れながらも、息子の一人として一連の葬儀をこなし、三月にオークランドに戻った。

オークランドに戻ると、またドジャーから電話がかかってきた。ドジャーは彼をシリーズの一部に出演させたがっていた。撮影がいつ始まるかは未定で、計画がまとまるまで数カ月かかることになっていた。ドジャーはブルースに一年契約のオプション料、千八百ドルの報酬を提示した。ブルースには断る理由がなかった。オークランド校はブルースとジェームズが期待していたほどうまくいっていなかったが、それは主にブルースが、真剣に学ぶ人だけを教えたいと考えていたためだった。その一方で、ブルースは新しい格闘技方式の研究を続け、ターキーに宛てた手紙の中で、「詠春拳を出発点として、黐手《チーサオ》を核とし、五つの攻撃（トミー・ゴング著『Bruce Lee: The Evolution of a Martial Artist』）方法で補う」と説明していた。

『チャーリー・チャンズ・ナンバーワン・サン』のスケジュールがまだ不確定だったため、ブルースはオプション料を使ってリンダとブランドンを香港に連れて行き、家族に紹介することにした。プロジェクトの準備が整い次第、すぐに戻るつもりだった。窮屈な環境で、広東語を話せないリンダには容易ではなかったが、結局、プロジェクト延期の知らせを受けるまで、彼らは香港に四カ月間滞在した。その間、ブルースはウォン・ジャックマン戦のことを考え続け、詠春拳、フェンシング、ボクシングをベースにした新しい格闘技方式のアイデアをまとめた。彼はハリウッド進出にまた失敗したときに備えて、その時間を使って香港で映画のつてを探した。そして、葉問《イップ・マン》による詠春拳の型を百枚以上撮影した。

九月、ブルースとリンダはシアトルに向かい、リンダの家族と同居することになった。当初は、ハリウッドでの仕事が決まるまでの短時間で終わると思っていた。しかし、月日は流れ続けた。ブルースとリンダにかかるプレッシャーはとてつもないものだったに違いない。数週間が数カ月になるにつれ、リンダの両親からどんな批判を受けていたかは想像に難くない。しかも、ブルースは仕事もなく(ドジャーからのオプション料はとっくに使い果たした)、ただ本を読み、メモを取り、グンフーの練習をする以外することもなく、家の中をぶらぶらしていたのだ。十二月下旬から一月上旬にかけて、彼らはオークランドに戻り、ジェームズ・リーと再び同居することになった。そして、テレビシリーズが現実になることを望んでいた。

一九六五年六月にヴァッサー大学を卒業すると、紀子はニューヨークのキャノン株式会社で働き始めた。両親がヨーロッパ旅行に出かけていた夏の間、私は弟とイリノイ州ピオリアにある叔父と叔母の家に一緒に滞在した。夏の終わりにはニューヘイブンに戻り、イェール大学四年生になった。

十二月のクリスマス休暇を利用して、紀子と私は結婚するためにシアトルに短期間飛んだ。両親は、私が先に学校を卒業するべきだと主張して、快く思っていなかった。私は両親の言い分はもっともだと思ったが、ニューヘイブンとニューヨーク間の行き来にはうんざりしていた。毎週末、私が電車でニューヨークに行くか、紀子が電車でニューヘイブンに通っていた。その頃には、彼女はヘイデン・プラネタリウムの近くに自分のアパートを持っていたので、私たちが結婚して彼女がニューヘイブンに引っ越した方がずっと経済的だと考えた。

私たちは父の知り合いの判事と家族だけの立ち合いのもと、判事室で結婚式を挙げた。そして友人たちを招いてささやかな披露宴を開いた。ブルースとリンダはオークランドに引っ越す前、まだシアトルにいたかもしれないが、よくわからなかった。

≡≡≡≡≡

一九六六年の初め、弟のマイクがスタンフォード大学の二年生になり、本格的にボクシングを始めた頃、彼はオークランドにブルースを訪ねた。二人はブルースの解説付きで、ボクシング・フィルムを見て過ごしたという。時々、ブルースはフィルムを巻き戻してスローモーションで再生し、「マイク、もう一度見てくれ」と言った。マイクはジョー・ルイス、マックス・ベアー、ジャック・デンプシーのフィルムを見たという。デンプシーはブルースのお気に入りの一人だった。デンプシーがジェス・ウィラードを第一ラウンドで左フックでノックダウンしたのを二人で観戦したそうだ。

スタンフォード大学は当時、ネバダ大学や、ときには海軍のボクシングチームも参加するカリフォルニア・大学ボクシング・カンファレンスのメンバーだった。マイクは三年生のとき、スタンフォードのボクシン試合で、六試合中四試合に勝ち（二試合はＫＯ勝ち）、二試合は判定で負けた。彼はトレーニングを積んでいて体調が良かったが、それでも三ラウンド目は苦戦した。

三月上旬、ブルースは、テレビ番組シリーズ『チャーリー・チャンズ・ナンバーワン・サン』に起用しない、という連絡を受けた。テレビ局が、アジア系俳優を主役に使うことに臆病だったためで、ブルースがハリウッドで遭遇した一連の失望の最初の作品となった。その代わりに、ドジャーはブルースを『グリーン・ホーネット』のカトー役に売り込んだ。その後まもなく、ブルースとリンダはジェームズ・リーの家を出て、ロサンゼルスの小さなアパートに引っ越した。それが、初めて自分たちだけで住んだ家だった。

ブルースは早速、二十世紀フォックス映画が費用を負担してくれた週三回の演技レッスンに参加した。ブルースが柔道を習っていたシアトルの柔道家、フレッド・サトウに宛てた手紙の中で、彼はそのレッスンについて、格闘技について語ったのと同じような言葉で綴っている。「レッスンは私に大いに良いことを教えてくれている。レッスンのおかげで、演技をしていないように見せる演技がよりスムーズにできるようになった。わざとらしくない演技力を習得するのは最も難しい」

『グリーン・ホーネット』の撮影は、私が大学を卒業した直後の一九六六年六月に始まった。その夏、私はニューヘイブンのスクラップ工場でくず鉄を運ぶ仕事をし、紀子はイェール大学図書館で働いていた。秋に、私はハーバード・ロー・スクールに入学した。ちょうど『グリーン・ホーネット』の放映が始まった頃だった。ニューヘイブンからボストンまで、私が初めて買った車で行ったが、ボストンへの短い旅にかろうじて役に立った。

『グリーン・ホーネット』は一九六七年三月まで二十六話放映され、さらに『バットマン&ロビン』と組んだ二部構成の番組もあったが、エミー賞は獲得できなかった。ブルースは、ヴァン・ウィリアムズ演じるグリーン・ホーネットの助手の役を演じることに当初は不安を抱いていたが、話題を呼んだ。実際、ブルースの役を除けば、このシリーズは酷評された。ネットワークが番組の打ち切りを決めたとき、ドジャーは、当時のハリウッドでアジア人に対するイメージを表すような、いい加減な言葉でブルースに通告した。「孔子曰く、グリーン・ホーネットはもう鳴かない」

ランストン・チンは、ブルースと一緒にいた頃からグンフーの心得があったが、当時はハーレムでソーシャルワーカーとして働いていた。彼は黒人の多い地区で中国人として目立っていたが、彼はブルース・リーさながらの威勢を見せ、それが功を奏した。ブルースはわずかな期間で、アメリカ人のアジア人男性に対する認識を変え始めたのだ。

『グリーン・ホーネット』シリーズが終了した後、ブルースの活躍の場は狭まった。シリーズからの収入が激減しただけでなく、カトー役での有料出演の誘いもなくなった。ブルースが獲得できた数少ない端役や、好意で回ってきた他の仕事だけでは、生活費を賄うには不十分だった。一九六七年二月までに、彼はロサンゼルスのチャイナタウンに三つ目のグンフー学校を開いたが、最初の二つの学校同様、看板もなく、広告も出していなかった。

生活費を稼ぐために、彼は紹介された映画やテレビのスターたちにグンフーの個人レッスンを始めた。ハリウッドを代表する俳優たちの多くは、自分たちが強い男だということを見せたがり、アジアの格闘技は強そうな男の代名詞になりつつあった。ブルースに実際に会ってみて、彼らはブルースが本物のマッチョであることに気付いた。一九六七年八月、ブルースはスティーブ・マックイーンに個人レッスンを始めた。さらに、マイク・ストーンとチャック・ノリスというアメリカのトップ空手家たちにも個人レッスンを始めた。ブルースの日程表によれば、彼は一九六七年の終わりごろから空手家たちに指導を始めている。すでに大会で優勝していた空手のトップ選手である彼らは、この訓練を「相互練習」と表現していたが、実際のところは、ブルースから指導を受けていたのではないだろうか。

格闘技界での評判を維持するため、ブルースはさまざまな大会にも顔を出した。一九六七年七月に開催されたエド・パーカー主催のロングビーチ空手選手権大会では、ブルースの登場で記録的な数の観客を集めた。しかし、彼は格闘技で収入を得るためには、そこまでしかやる気がなかった。ブルースは、ある実業家から持ちかけられた、加藤護身術学校のフランチャイズ運営を引き受けてもらいたいという提案を断った。リンダによれば、ブルースは、たとえそれが金銭問題を解決するものだったとしても、その申し出を真剣に検討しなかっただろうという。

一九六八年が始まると、スティーブ・マックイーン、マイク・ストーン、チャック・ノリスの個人レッスンが続き、空手家、ジョー・ルイスのレッスンも始まった。この年の最初の五カ月間は、数人の生徒に個人レッスンをしているほかは、パンチ、腹筋運動、アイソメトリック、各種ストレッチなど、ブルースはほとんど一人でトレーニングしていたという印象が残っている。例えば、一九六八年一月のブルースの日程表には、午前十一時ごろ千回のパンチを行い、午後と夕方に運動とストレッチをした、と記録されている。ブルースの特別な器具の多くを製作した友人であり生徒でもあるジョージ・リーに宛てた手紙には、一日平均二時間半のトレーニングをしていると記されている。さらに、持久力をつけるためにランニングやサイクリングもしていたという。

この年の後半には、ジェームズ・コバーンとロマン・ポランスキーが生徒として加わった。ブレイク・エドワーズ監督（『ティファニーで朝食を』『ピンクパンサー』）もいつしか生徒となり、テレビプロデューサーのサイ・ワイントローブやカジノ王のベルドン・カトルマンも生徒となった。

ブルースの生徒の一人に、有名な脚本家・プロデューサーであるスターリング・シリファント（『夜の大捜査線』でアカデミー賞を受賞）がおり、彼は一九六八年三月にブルースの生徒になりたいと懇願した。ブルースは当初、シリファントを生徒として迎えることをためらい、「年を取りすぎている」（彼は当時五十歳だった）と言ったが、最終的には承諾した。シリファントはブルースの信奉者となり、ジェームズ・ガーナー主演の映画『マーロウ』にブルースをちょい役で出演させた。撮影は八月に開始され、ブルースは初めてハリウッド映画に出演した。

一九六八年十月、弟のマイクがロサンゼルスを訪れとき、ブルースとリンダから夕食に招待された。彼は数カ月前にスタンフォードを卒業し、ニューメキシコのメスカラロ・アパッチ居留地で仕事に就くための道中だった。

そのときブルースが取り組んでいたことの一つが、キックの威力だった。ジェシー・グローバーは、ブルースのキックは一緒にトレーニングした当初は「たいしたことはなかった」と語っており、彼のキックが威力を増したのは後になってからだった。当時、ブルースのキックが破壊力に欠けるとは思いもしなかったが、それまでブルースは主に脛、膝、股間を攻撃するため、あるいは相手との距離を縮めるための目くらましとしてキックを使っていた。シアトルに住んでいた初期、著名な空手師範、西山英峻《にしやまひでたか》のタコマでのデモンストレーションを見てから、ブルースの態度は早くも変わり始めていた。ジョン・リーは、ブルースのキック力をさらに向上させるためにヒントを与えたという手柄を立てているが、その一方で、ブルースがほんの少し練習しただけで、ジョン・リー自身よりも強いキックを出せるようになったことも認めている。

ブルースはマイクに「新しいキック」を見せたがった。彼はマイクにブロック用の盾を持ってもらい、それを全力で蹴った。マイクの言葉を借りれば、「ワン・ステップ、ワン・ホップ、そしてサイドキックでドカーン！」。つま先立ちになり、逆に踏んで壁に激突するキックの威力にマイクは感心していた。

マイクが帰り支度をしていると、ドアベルが鳴り、ブルースはマイクに出るように言った。マイクと同じくらいの年齢の巨人のような黒人の男が玄関に立っていた。

「やあ、僕はルー・アルシンドールだ」

ルー・アルシンドール（カリーム・アブドゥル＝ジャバーに改名したのは一九七一年）は当時UCLAで四年生になり、すでにUCLAチームを二度のNCAAバスケットボール選手権に導き、両大会（一九六七年と一九六八年）で最優秀選手に選ばれていた。彼は合気道を習い始めたばかりだったが、ブルースを紹介され、彼の流儀に引かれていた。彼とブルースはしばらく話をした。それが終わると、ブルースはカリームにマイクが宿泊している友人の家まで送っていくように頼んだ。

ブルースはその年の初め、四月末からカリームにレッスンを始めていた。ブルースは以前から、ジェシー・グローバーやアル・ノヴァクなど、大柄な対戦相手とたくさん練習していた。ブルースはわざわざ大きな相手を選んでいた。しかし、カリームは別格だった。カリームとブルースの体格差は、数字だけではイメージしにくい。カリームは二百十八センチ、ブルースは約百七十センチ。その差がいかに大きいかは、写真を見なければわからない。ブルースが亡くなったときに一部しか撮影していなかった映画『死亡遊戯』のファイトシーンは、まるでゴリアテに対するダビデのようで、驚くべきものだ。

カリームと黐手《チーサオ》をやろうとしたことが、ブルースをさらに黐手《チーサオ》を軽視する方向に向かわせた。カリームに張り付いたとき、カリームの腕はとても長く、ブルースは彼に手が届かなかった。ブルースがターキーに語ったように、二百十八センチの男のヘソを見ながら黐手《チーサオ》をやるのは大変だった。

ブルースにふさわしい役がほとんどない中、彼は自分でチャンスを作ろうと決心した。彼が思いついたアイデアは、武道家の自己探求を描いた哲学的な映画で、『ザ・サイレントフルート』と名付けられた。彼は数年にわたり、このプロジェクトに多くの時間とエネルギーを費やしたが、最終的にはまたしても大きな失望を味わうことになった。

彼は、映画を製作するためには自分が脇役に徹するしかないと悟った。一九六九年初め、彼はスターリング・シリファントとともに、スティーブ・マックイーンに主演を打診した。しかしマックイーンは、この映画はブルースをスターにするための手段でしかないという理由で断った。彼は「ブルースを背負いたくない」と言ったが、この発言はブルースをひどく怒らせた。その後、ブルースはジェームズ・コバーンに打診し、コバーンは承諾した。マックイーンを超えるスーパースターになりたいという思いが、それからのブルースの原動力となった。

ブルースが生活費を稼げる仕事が一つ舞い込んだ。それは、イングリッド・バーグマンとアンソニー・クイン主演の映画『春の雨の中を』の格闘シーンのコーディネートだった。この映画はシリファントが脚本を書き、ブルースを起用するために格闘シーンを書き込んだもので、テネシー州で撮影されていた。地元の二人のスタントマンが、外からやって来た小柄な中国人に腹を立てたので、シリファントは、彼らの態度を改善する必要があると考え、ブルースに「新しいキック」のデモンストレーションをさせることにした。ブルースは次々と彼らをプールの中に飛ばし、彼らはたちまちブルースの信奉者になった。
ブルースが留守の間、一九六九年四月十九日に娘シャノンが生まれた。出産は誘発分娩で、出産日は前もって決まっていたが、リンダによると、金が必要だったのでブルースはテネシー州の映画撮影地に出かけた。ブルースの教え子がリンダとシャノンを病院に迎えに行き、家まで送っていったそうだ。その日のブルースの日程表には、娘の出生時刻、体重、体長、そしてリンダに電話したことが記録されている。

＝＝＝＝＝

私は一九六九年六月にロースクールを卒業した。八月にシアトルで息子を出産した紀子と私は、生後十日の息子を連れて、私が国際法律事務所に職を得た東京に飛んだ。私たちは息子にコリン・ムサシと名付けた。彼のミドルネームは宮本武蔵から取った。宮本武蔵は十七世紀の日本の剣豪で、ブルースの蔵書にある格闘技書のひとつ『五輪書』を書いた人物だ。私が知る限り、ブルースはその頃、まだハリウッドで頑張っていた。

＝＝＝＝＝

ブルースは『ザ・サイレントフルート』のプロジェクトに取り組み続けていた。他の脚本家に断られたり、試作が失敗した末に、シリファントがついに脚本を書くことに同意した。彼とブルース、ジエームズ・コバーンは、一九七〇年二月から三カ月間、定期的に会って脚本を仕上げた。しかし、ブルースは脚本の執筆作業を二度中断した。一つは、ロマン・ポランスキーに個人レッスンをするためにスイスに飛んだため。もうひとつは、息子と一緒に数週間香港に戻ることだった。五年前にリンダとブランドンを家族に紹介して以来、香港を訪れていなかったためだ。

彼は、香港で大歓迎された。ブルースは知らなかったが、『グリーン・ホーネット』はその頃、香港のテレビで放映され、『カトー・ショー』と呼ばれるほどの人気を博していた。香港滞在中、ブルースはトークショーに出演したり、即興デモンストレーションをするように頼まれた。彼は幼なじみのユニコーン・チャンと会食し、ショウ・ブラザーズ・フィルムのランラン・ショウに、映画の企画を持ちかけるよう頼んだのかもしれない。短い滞在だったが、ブルースは、香港での映画ビジネスの可能性を垣間見ることができた。また、当時、設立したばかりのゴールデン・ハーベスト・スタジオで、ランラン・ショウの映画帝国との戦いの中で生き残ろうと奮闘していたレイモンド・チョウにも、自分の実力の片鱗を見せることができたのかもしれない。

ランラン・ショウは香港映画界の帝王だった。レイモンド・チョウは、ショウ・ブラザーズを離れてゴールデン・ハーベストを設立したとき、ショウと緊密に協力することを考えていたが、やがてゴールデン・ハーベストがショウとまだ契約していた俳優、『片腕必殺剣』のスター、ジミー・ウォン・ユーを引き抜いたことで、激しい確執が生まれた。ユーはゴールデン・ハーベストの映画を香港で撮ることができなかったので、レイモンド・チョウは彼を東京に送り、日本の映画会社と共同で映画を製作した。その映画には、ユーと、大人気映画『座頭市』に主演した日本を代表する俳優の一人、勝新太郎が出演した。共同制作のタイトルは『新座頭市・破れ！　唐人剣』。

八月十三日、ブルースはウォーミングアップもせずに朝からウェイトリフティングを始め、背中を痛めた。医者からは、もう高く跳ぶ蹴りはできないだろうと言われた。ブルースが働けなくなり、二人の子供を養うために、リンダは午後遅くから真夜中近くまで、留守番電話サービスの仕事を見つけた。ブルースにはそれが辛く、うつ病になった。人生で最も落ち込んだ時だった。

回復期の最初の三カ月はベッドで安静にしているはずだったが、彼は必要なときには起きて外出した。シリファントは、パラマウント・テレビの責任者であるトム・タネンバウムに雇われ、盲目の保険調査員を主人公にした推理小説を脚色し、『復讐の鬼探偵ロングストリート（Longstreet）』というシリーズ化できるパイロット番組を制作していた。シリファントはまだブルースを助けようとしており、この番組がブルースのキャリアを加速させる手段になりうると気付いた。彼は九月末にブルースをタネンバウムに会わせ、その企画について話し合う機会を設けた。

主治医が驚いたことに、ブルースは五カ月で立ち直り、痛みを隠していたが、外見上は元通りになった。ある時期から、彼はダーボン（アスピリンとプロポキシフェンの合剤、軽いオピオイド）を痛み止めとして飲み始めた。

その間、彼は『ザ・サイレントフルート』の製作を推し進め、シリファントはワーナー・ブラザースにそのアイデアを売り込んだ。ワーナーは映画製作を承諾したが、資金の面から、映画をインドで撮影しなければならないという条件を付けた。一九七一年一月末、ブルースとコバーン、そしてシリファントは、ロケハンと共に、現地要員や機材、運搬、通訳など、あらゆる状況を品定めするためにボンベイに飛んだ。

そのフライト中、コバーンはブルースの癖の中に迷惑なものがあることを発見した。「モー・シ・ティン（じっとしていない）男」は、常にパンチをしたり、手首や前腕の動きを良くするために手で何かをしていた。ブルースは、トイレに行って手を洗うとき、ペーパータオルを使って手を乾かすことはせず、手首を鍛えるために、手が乾くまで勢いよく手を前後にバタつかせていると私に話したことがある。タオルのないところで手を洗う度に、そのことを思い出す。コバーンによれば、ブルースがボンベイからニューデリーへのフライト中、片方の拳で筆記用具を叩いた後、もう片方の拳で叩き、コバーンが耐えられなくなって文句を言うまで、自分の手を動かしていたという。

残念ながら、彼らがインドで見分した映画製作の条件は悲惨なものだった。ブルースはコバーンを説得しようとしたが、無駄だった。特にブルースとコバーンの間には、二、三週間インドで人材やロケ場所を探し回るうちに緊張が高まっていった。二月中旬にロサンゼルスに戻った後、コバーンはインドを却下し、プロジェクトは実質的に立ち消えになった。その直後、ブルースのもう一人の友人であるワーナー・ブラザースの重役フレッド・ワイントローブが、別の企画で彼を助けようとした。ワイントローブは以前、ブルース演じるユーラシアの少林戦士の僧侶が西部開拓時代を放浪し、カウボーイ文化の中で生き残るために拳を振るうという『カンフー』という映画をワーナー・ブラザースに売り込んでいたが、新たな幹部が登場したために却下されていた。彼の最新の提案は、十八世紀後半を舞台に、ダコタ準州のマンダン族の土地を通る道を探す罠猟師を描く『ケルシー』というシリーズで、彼はブルースの出演を含む番組を構想していた。しかし、この企画はどこにも取り上げられず、四月末頃に却下された。

春先まで、『ザ・サイレントフルート』はまるで生命維持装置につながれた状態だった。他にはなにも差し迫ったものがなかった。そしてブルースは、まだ金が必要だった。香港で釣り糸を動かす時期だったのかもしれない。ブルースの日程表によると、三月中旬に香港に電話をかけ、その数日後にユニコーン・チャンに手紙を書いている。香港への電話や手紙は四月、五月、六月と続いた。

著者とブルース
ディビッド・タッドマン提供

12章　両賭けに出る

ブルースが香港から受け取った最初のオファーはランラン・ショウからのものだった。それは、ブルースが以前提案した、一本あたり二千ドルという長期契約の金額に応えるもので、ショウが提示する標準的な金額だった。ハリウッドはブルースをアジア人のステレオタイプとは「違いすぎる」と考えていたが、ショウはブルースを他の中国の格闘技俳優と同じように見ていた。

ブルースの提案には、脚本を変更したり、格闘の振り付けの全てを監督する権利など、彼にとって重要なその他の条件が含まれていたが、ショウはそれを無視した。そうした条件について問い合わせたが、ショウは高圧的な返答をしたので、ブルースは腹を立てた。

一方、ゴールデン・ハーベストのレイモンド・チョウは辛抱強く、諦めなかった。チョウとブルースは話し合ったが、ブルースはまだハリウッドを目指していた。そこでチョウは、トップ・ディレクターの一人であるロー・ウェイの妻を使者として送り、ロサンゼルスのブルースに働きかけた。オファーは一本あたり七千五百ドルと決して満足できる金額ではなかったが、ショウのオファーよりはましで、ショウが望んだ長期契約に対して、こちらは映画二本だけの契約だった。

ゴールデン・ハーベストの映画もショウの映画もすべて北京語だった。ブルースが話せる北京語はわずかだったが、映画は吹き替えになる。ゴールデン・ハーベストとの契約にサインする前に、ブルースは北京語の格闘技映画を何本も観たが、どれもひどいものだったという。一九七一年六月二十八日、おそらくコバーンとシリファントの忠告に反して、ブルースは契約書にサインした。ブルースは、もっといい金額を要求して粘るべきだ、あるいは、ゴールデン・ハーベストはスタートアップ企業でリスクが高いからやめた方がいいと、二人からアドバイスを受けたかもしれない。しかし、彼はこれまで以上に金が必要だった。自分たちの経済的な問題と、リンダがまだ働いていること、それがブルースの気に入らないことだった。

ブルースが出演することになった『復讐の鬼探偵ロングストリート』の一エピソードの撮影は、六月下旬から七月上旬にかけて行われた。映画は、ブルースのこれまでの最高傑作となり、彼の格闘技に対する哲学的かつ実践的な方式が披露された。撮影が終わって数日後、彼はレイモンド・チョウの初監督作品の撮影のため、香港行きの飛行機に飛び乗った。チョウは、ランラン・ショウがブルースをゴールデン・ハーベストから引き離そうとしないように、タイへ直接飛ぶことを望んだが、ブルースはそれを断った。飛行機が飛び立ったとき、彼はまだ『ザ・サイレントフルート』が成功するという希望を抱いていたようだ。

最初の映画は『ドラゴン危機一髪』だった。すでにプリプロダクションが始まっており、主演にはジェームズ・ティエンがキャスティングされていた。ブルースは後半からキャスティングに追加された。筋書きは、タイのギャング団が仕切る麻薬密輸の隠れ蓑として使われる製氷工場で働く中国人労働者を中心に展開した。ブルースの役は、タイで新しい生活を送ろうとやって来た田舎者という設定だった。ブルースがタイに発つ前、リンダは仕事を辞めた。

〓〓〓〓〓

タイでの撮影現場はお粗末なものだった。撮影場所はバンコクの北にある小さな村で、蒸し暑い夏の盛りだった。リンダへの最初の手紙の中で、ブルースは「蚊とゴキブリにひどい目にあっている」

と訴えた。

ゴキブリはブルースにとって、単なる迷惑以上のものだったのかもしれない。私は、彼がゴキブリを極端に嫌がるのを見たことがある。私が香港で彼の実家に滞在していた夏、ゴキブリが現れると、彼は大騒ぎし、丸めた新聞紙でゴキブリを叩き潰した。彼の嫌悪感は何年経ってもあまり衰えていないようだった。

彼は他にも小さな災難に見舞われた。粗末な食事と不潔な水のせいで、体重は五十八キロまで落ち、薄いグラスを洗っているときに手を切り、十針縫った。その後、足首を捻挫し、インフルエンザにもかかった。そして背中の怪我も治っておらず痛みがあった。

その上、主演俳優や、彼と仲の良いスタッフの仲間、そして映画監督たちとの関係は、最初から険悪だった。ジェームズ・ティエンのギャラは、この邪魔者のギャラの数分の一だった。ブルースは、伝統的な北京語の格闘技映画の凝りすぎた格闘シーンをめぐって、最初の監督と衝突した。ブルースは「もっとリアルにした方がいい」と主張した。最初の監督は、撮影現場の多くの人たちとも仲が悪く、結局解任された。後任にはロー・ウェイが起用された。しかし、ブルースとロー・ウェイの関係は悪くなり、何度も揉めた。

『ドラゴン危機一髪』が撮影されている間、『復讐の鬼探偵ロングストリート』がアメリカでテレビ放映されようとしていた。ブルースは四話撮影されたうちの一話にしか出演していなかった。パラマウントテレビの責任者であるトム・タネンバウムは、このエピソードをとても気に入り、最初に放映したいと思った。視聴者は当然ブルースがもっと多くのエピソードに出演することを期待したが、彼は一話以外の出演契約をしていなかった。

タネンバウムはタイにいるブルースを探し出し、電報を使った遠距離交渉が続いた。ブルースは、『ドラゴン危機一髪』の撮影終了後、一カ月の休暇を取り、ロサンゼルスに飛んで『復讐の鬼探偵ロングストリート』の追加エピソードを撮影し、ゴールデン・ハーベストの二作目を撮影するために、再び香港に戻ることに同意した。

〓〓〓〓〓

『ドラゴン危機一髪』の撮影を終えてロサンゼルスに戻った九月初旬、ブルースはワイントローブから、『カンフー』を長編映画からテレビシリーズに換えて復活させる案が浮かんだと聞いた。ブルースはその役をどうしても獲得したかったので、ロビー活動を展開し、あらゆる手を尽くした。しかし、ハリウッドはまだ臆病で、アジア人男優がアメリカ国民に受け入れられるかどうかという不安は、乗り越えられない壁となった。この役は事実上、ブルースのために用意されたものだったが、ワーナー・ブラザースのテレビ部門の責任者であるトム・クーンは、ブルースは「本物過ぎる」と言った。彼はブルースの起用を真剣に検討しなかったのだが、ブルースはそのことをすぐには知らされなかった。

ワーナー・ブラザースの会長で、ブルースのグンフーの教え子でもあるテッド・アシュレイは、クーンの意見に同意したが、ブルースを失いたくなかった。十月、アシュレイはブルースに、自分の番組を企画してみてはどうかという魅力的な契約を持ちかけた。ブルースは、『燃えよ！ カンフー』に似た『ウォリアー（The Warrior）』という番組を提案した。その時点での彼の大まかな計画は、ゴールデン・ハーベストの二本の映画を完成させ、それからロサンゼルスに戻り、テレビ番組出演の機会を探すというものだった。パラマウントテレビも彼のためにテレビ番組を企画することを約束した。

その間、ブルースはさらに『復讐の鬼探偵ロングストリート』の三つのエピソードでちょい役を撮影した。脚本はすでに書かれていたので、ブルースを登場させるために書き直さなければならなかった。彼はセリフを増やすために奮闘したが、それでもセリフは少なかった。撮影が行われていたとき、『復讐の鬼探偵ロングストリート』の初放送があり、ブルースのパートは絶賛され、多くのファン・メールを集めた。もしタイミングが違っていたら、彼はハリウッドにとどまっていたかもしれない。それが彼のキャリアにとって良かったのか悪かったのかは推測の域を出ないが、その瞬間からの彼のキャリアの道がより良いものになったとは考えにくい。

香港への帰国が近付くにつれ、ブルースはワーナーとパラマウントからのオファーへの返答をまだ決めかねていた。ジェームズ・コバーンはブルースに、テレビシリーズは「才能を縮めてしまう」から受けない方がいいとアドバイスを繰り返していたが、それも返事が遅れた一因だったかもしれない。そしておそらくブルースは、どんな契約にもサインする前に、まず『ドラゴン危機一髪』の出来を確かめたかったのだろう。

〓〓〓〓

十月中旬、『復讐の鬼探偵ロングストリート』の撮影を終えたブルースは、リンダ、そして子供たちと香港に飛んだ。ブルースが出演を承諾した二本のゴールデン・ハーベスト映画のうちの二本目、『ドラゴン怒りの鉄拳』の撮影が、『ドラゴン危機一髪』の公開前にもかかわらず、始まろうとしていた。『ドラゴン怒りの鉄拳』は、ブルースが一九〇〇年代初頭に祖国の人々を魅了した実在の中国人武術家の一番弟子として登場する。映画は、ブルースが師匠の葬儀に遅れるところから始まる。師匠は日本の格闘技流派のトップによって毒殺された。その流派の日本人武道家たちは、中国を「アジアの病人」と嘲笑する看板を持って葬儀に現れる。ブルースはその看板を学校に返し、そこにいた全員を殴り倒し、看板を蹴り捨てて、「中国人はアジアの病人ではない！」と宣言する。

師匠を殺した犯人の正体を暴き、その仇を討つために、ブルースが演じる武術家は探索を続け、暴力はエスカレートしていく。その道中、彼は公園の入り口にあった「犬・中国人お断り」の看板を壊す。クライマックスで日本人学校の校長を倒した後、彼は自分の学校の友人たちが惨殺されているのを発見する。警察に取り囲まれた彼は飛び蹴りで突撃し、『明日に向かって撃て』の銀行強盗、ブッチ・キャシディとサンダンス・キッドのように、銃弾の炎に包まれて消えていく。

撮影はタイよりも条件の良い香港で行われる予定だったが、ブルースとロー・ウェイの間に摩擦が生じた。脚本はなく、大まかなアウトラインがあるだけだった。ロー・ウェイの映画では脚本なしで撮影するのが普通で、『ドラゴン危機一髪』でもそうだったが、ブルースは脚本なしで撮影を始めることを拒否した。

撮影が遅れたため、ブルースは東京に飛び、彼がいつも楽しみにしていた映画『座頭市』の主演スター、勝新太郎を映画に出演させようとした。低予算の香港映画で、しかも日本人に否定的なイメージの強い作品に、日本を代表する俳優に出演を依頼するのはおこがましいと思われるかもしれないが、ゴールデン・ハーベスト社との合作映画に勝が出演していたことから、ブルースはチャンスがあると考えたのだろう。

ブルースは勝をこの映画に出演させることはできなかったが、勝は他に二人の日本人俳優を紹介した。香港に到着した彼らは、この映画のためにできる限り悪役になるよう指示された。彼らはこの映画が反日映画であることを知っていたが、脚本は渡されなかった。

ブルースが勝と会っている間、私は東京で仕事をしていたが、ブルースとすれ違うことはなかった。しかし、それから半年も経たないうちに、私はモハメド・アリをめぐる別の取引で勝と出会うことになる。

＝＝＝＝

ブルースとリンダは、一九七一年十月三十日、真夜中に行われた『ドラゴン危機一髪』のプレミア上映を期待に胸を膨らませながら観た。香港の映画ファンは手ごわい観客として悪名高く、大声で野次を飛ばしたり、時には劇場の座席をナイフで切り刻んだりして不快感を示した。しかし、ブルースとリンダが心配する必要はなかった。映画が終わると、観客は立ち上がり、スタンディング・オベーションとなった。興行収入は三週間で、それまでの最高記録を保持していた『サウンド・オブ・ミュージック』の記録を塗り替えた。低予算で急遽製作されたこの映画は、香港だけでなく、東南アジアの中国人コミュニティーや、ローマ、ベイルート、ブエノスアイレスといった遠く離れた都市でも大ヒットを記録した。

一九七一年十一月、『燃えよ！　カンフー』の武僧役はデヴィッド・キャラダインに譲られた。彼は百パーセント白人であっただけでなく、当時大きな薬物問題を抱えており、アジアの格闘技の素養もなかったと伝えられている。十一月二十五日、ブルースは国際電話を受け、『燃えよ！　カンフー』の役をもらえないことを知らされたと同時に、ワーナー・ブラザースが『ウォリアー』を製作しないことも告げられた。

この失望で、ブルースの忍耐は限界を超えた。『ドラゴン危機一髪』が好調だったため、ブルースは自分の可能性をハリウッドに集中させず、香港に分散させることにした。経済的には状況は良くなっていたが、ロサンゼルスの自宅はまだ大きな借金が残っていた。一九七二年の前半までに、彼は家を売却した。

『ドラゴン怒りの鉄拳』の撮影が再開されると、ロー・ウェイとの対立が始まった。スタントマンたちは、当初は恨みやライバル意識もあったようだが、実力と寛大さを兼ね備え、彼らのために奮闘し、会社が支払わないときは医療費まで支払ってくれるブルースに魅了された。彼はまた、この映画のためにオークランド校の生徒の一人、ボブ・ベイカーを連れてきてロシア人の悪役を演じさせ（後の香港映画で白人が悪役を演じる下地を作った）、長編映画で初めてヌンチャクを使った。撮影は六週間で終了した。

『ドラゴン怒りの鉄拳』の製作にまつわるある本の記述によると、ロー・ウェイは撮影のために地元のギャングに「みかじめ料」を払い、彼らの縄張りを使わせてもらったという。そして「ブルースはこれに怒りを覚えたが、周りの人たちがチンピラへの攻撃を引き止めた」と記されている。だが、私が香港のブルースの実家に滞在していたとき、ブルースはチンピラの要求に対する怒りを抑え、ご祝儀の金を与えた。その頃すでに、ブルースは自制心を備えていたので、この本の記述が本当だとしたら驚きだ。リンダは「そんな話を聞いたことがないし、真実味がない。ブルースは攻撃モードに入っていなかった」と言う。

『ドラゴン怒りの鉄拳』の撮影が終わり、公開の数カ月前になると、ブルースは次回作のことを考え始めた。彼はゴールデン・ハーベストとの契約を終え、フリーになっていた。彼は映画の背景や演技は自分で指示したいと考え、レイモンド・チョウと合弁で製作会社コンコルド・プロダクションを設立し、利益は折半することにした。

レイモンド・チョウが新しい取り決めのもとで最初に撮りたかったのは、ロー・ウェイが監督する『イエロー・フェイス・タイガー（Yellow-Faced Tiger）』という映画だった。ロー・ウェイが監督し、ブルースが主演した最初の二作が大ヒットしたのだから、三作目もうまくいくだろうと予想された。撮影は一九七二年一月に日本で開始される予定だった。しかし、この映画をめぐる長引く交渉と口論は、ロー・ウェイとの最終的な決裂に至った。

13章　一躍トップスターに

ブルースはロー・ウェイと決別するまでに、次回作は自分が監督を務めようと決めていた。しかし、その前にパートナーのレイモンド・チョウに、自分が監督になること、そしてこれを初監督作品にすることを説得しなければならなかった。ブルースは、チョウの承諾を得るため、ランラン・ショウとチョウを対決させた。

実際、ブルースは「脚本、製作、監督、主演」だけでなく、「ロケハン、キャスティング、衣装選び、格闘シーンの振り付け」もするつもりだった。さらに、香港を拠点とする作品としては初めてヨーロッパで撮影し、その頂点に立つ格闘シーンは、古代ローマの剣闘士の戦いの発祥の地であるコロッセオで行うことにした。言うまでもなく、野心的な仕事だった。

ブルースは最初の二作が、クリント・イーストウッドがマカロニ・ウエスタンで一躍名を挙げたのと同じことをしてくれたと思っていた。『ドラゴンへの道』はケーキの上のアイシングだった。彼はまだハリウッドに戻る道を探していたが、『ドラゴン危機一髪』の成功で、香港が恒久的な拠点としてますます現実味を帯びてきた。

『ドラゴン怒りの鉄拳』は一九七二年三月二十二日に公開された。四週間以内に『ドラゴン危機一髪』を上回る興行収入を記録した。その翌月、スターリング・シリファントが香港を訪れ、ブルースは自分の映画を見せるために、中国人の観客がいる劇場に彼を連れて行った。シリファントはまだ『ザ・サイレントフルート』の実現に希望を抱いており、当然のごとく感心した。

＝＝＝＝＝

『ドラゴン怒りの鉄拳』が香港で記録を塗り替えたとき、私はまだ東京で働いていた。だが、そのことはまったく知らなかった。一九七二年一月二日に二人目の子供、カリ・雪美が誕生し、会社勤めと若い父親としての役目に追われて、私はフル回転していた。私の知る限り、ブルースはまだロサンゼルスにいて、そこで映画ビジネスの世界に入ろうとしていた。

一九七二年三月下旬、モハメド・アリがマック・フォスターと戦うために来日した。私が勤めていた足立・林田法律事務所は、ロッキー青木というレストラン経営者兼プロモーターの代理人だった。青木は、アリの要望で、日本におけるアリの潜在的なビジネス取引の開発を依頼されていた。私は上司のジム足立から、青木の世話をするように頼まれていた。

ブルースはアリに会ったことはなかったが、左利きのアリの試合の映像を鏡で見ながら研究し、右リードでアリの動きを真似ることができるようになった。そしてアリは後にブルースのことを知るようになった。二人には多くの共通点もあった。それは、天才的な身体能力に加え、陽気なユーモアのセンスと、とてつもない個性だ。彼らは自分の道を選び、それを貫き、厳しい難関を克服しながら、自分の信条を貫いた。アリの場合、東京での試合は、ベトナム戦争中の軍隊への入隊拒否で、三年半の活動休止を余儀なくされた後の復帰戦だった。アスリートとしての才能の絶頂期に活動を休止し、間違いなく彼は何百万ドルもの賞金を失ったはずだ。

アリは、タバコやアルコール以外なら、ほとんどどんな商品でも喜んでコマーシャル出演を受けると聞いていた。私が覚えている唯一の広告は、日本で放映されたビーバーエアコンの宣伝だ。一方、ブルースが二本目の映画に出演を依頼した『座頭市』の勝新太郎は、アリのドキュメンタリーを撮ることに興味を持っていた。ロッキー青木は、私を勝と彼の妻で女優の中村玉緒との食事に同行させ、アリに五万ドルの頭金を支払い、彼の試合の映像を使用する権利を与えるという趣旨で契約が成立した。

当時の日本では、海外送金には政府の許可が必要だった。送金の目的にもよるが、大蔵省の官僚との長い交渉を要した。撮影が始まる前に必要なライセンスを取得し、資金を送金するには時間が足りなかったので、アリが契約書にサインする代わりに、頭金として現金を渡す手配がなされた。

当時、東京の最高級ホテルだったホテルオークラの高層階の一室で、ミーティングが開かれた。アリとその一行は、高層階のいくつかの部屋を占領していた。それは、試合前日の夜だった。その部屋には、アリの弁護士を務めるボブ・アルムと、スーツ姿でサングラスをかけ、頑強そうなアリの側近の黒人イスラム教徒数人がいた。勝新太郎の弁護士は、私とは別の事務所の日本人弁護士で、ヤクザのような風貌の強面の男たち数人と共にまもなく到着した。彼らは小さなブリーフケースを二つほど持っていた。

自己紹介が終わると、ヤクザ風の男たちはブリーフケースをベッドの上に置き、パカッと開けて後ろに下がった。ブリーフケースの中には一万円札の札束が入っていた（当時は一枚あたり約三十ドルの価値があった）。アリの部下たちは札束をベッドの上に投げ、数え始めた。ヤクザ風の男たちはドアに一番近い壁に背を向けて立ち、腕を組んでそれを見ていた。誰も契約書を用意していないことがわかったので、アルムはホテルの便箋に手書きで契約書を書き始めた。

契約書は数ページで終わるもので、それほど手の込んだものではなかった。書き終えると、アルム

モハメッド・アリと著者、1972年4月、東京にて

はそれを日本人弁護士に手渡した。日本人弁護士は、手書きのページを見つめながら、うつろな表情で立ち尽くしていた。私のクライアントの興味は手数料を受け取ることだけだったので、私は手数料が用意されていることを確認するために日本人弁護士の肩越しに目をやった。

日本人弁護士がまだ契約書を見つめていたとき、アリの部下たちは札束を数え終え、それが正しい金額であることを確認し、ブリーフケースに札束を積み直した。二人がブリーフケースを受け取ると、ヤクザ風の男たちは部屋を出て行き、金を受け取ったアリの部下たちがその後に続いた。アルムは、アリはまだ戻っていないが、戻ったら後でサインをすると告げた。そして彼も出て行った。

日本人弁護士と私はしばらく待っていたが、時間が過ぎ、アリがいつ戻るのか誰にもわからないようだったので、自分たちも帰ることにした。そのとき、すでに真夜中近くになっていた。私と日本人弁護士がエレベーターに向かってホールを歩き始めたとき、アリがエレベーターから出てきて、ホールの端にあるスイートルームに向かった。「ハウディホー（やあ！）」と、彼は私の横を通り過ぎながら言った。翌日に試合を控えた遅い時間だったので、そのときアリに契約書を見せて、サインをもらおうとは誰も言わなかった。

エレベーターのドアが閉まりかけると、気さくな笑顔の黒人が入ってきた。黒人のイスラム教徒ではなさそうだったので、私は彼がアリのルイビルでの関係者だと思った。私はアリが歩いた方向を向いて、アリが毎試合このようにトレーニングしているのかと尋ねた。その男は「アリは酒も飲まないし、タバコも吸わない。でも女好きだよ」と答えた。

エレベーターで降りるとき、その日本人弁護士はまだアルムの手書きの契約書を片手に持っていた。彼は私を見て、「これでいいと思うか?」とためらいがちに尋ねた。私は、アルムは評判のいい弁護士だと断言し、「うまくいくと確信している」と答えた。私は、翌日の試合を楽しみにしていた。リングサイドのチケットをもらい、試合後の祝勝会にも招待されていたからだ（アリが勝利したと仮定しての話だが）。

= = = =

翌日のエイプリルフールの試合は、アリの最高の戦いではなかった。試合は最後までもつれ、後半には日本のファンから「倒せ！　ノックダウンさせろ！」と叫び声が飛びかった。結局、判定により、全会一致でアリに軍配が上がった。

祝勝会は、エレベーターから続く廊下の突き当たりにある、アリの側近たちが使っているホテルのスイートルームで開かれた。私はスイートルームから紀子に連絡して呼び出した。彼女はボクシング嫌いを公言していたが、このチャンスには飛びついた。

アリはまだ試合の後始末をしていたが、彼を待っていた客たちがうろうろしていた。アメリカ人のヒッピー風の男二人が、どういうわけかこのパーティーを嗅ぎつけ、廊下を通ってみんなが集まっているスイートルームに近付いてきた。アリの側近で、東海岸から来た白人男性（その人の職業は覚えていない）が横柄な態度で二人を制止し、「プライベート・パーティーだ」と無愛想に告げた。ヒッピーたちはエレベーターの方に戻り、その付近をうろうろしていた。

私はエレベーターまで歩こうとスイートを出た。紀子と私はホテルからタクシーですぐのところに住んでいたので、彼女がもうすぐ到着すると思っていた。エレベーターホールに着くと、そのうちの一台が階上で止まり、エレベーターのドアが開いた。

顔にいくつかのこぶとあざを残したアリが、颯爽と出てきた。彼は二人のヒッピーを見つけると、すぐに立ち止まって話をした。短いやりとりの後、アリは彼らをパーティーに招待した。ブルースと同じように、アリは権力者よりもむしろ力のない一般庶民と親しくなろうとしていた。

それからずっと、ヒッピーたちはまるで雲の上にいるかのようにパーティー会場を浮遊していた。最初に彼らを出入り禁止にした男は、不機嫌そうな表情を浮かべていた。しかしアリ自身が彼らを招き入れたのだから、何も言うことはできなかった。

紀子が現れ、アリを紹介されたとき、彼女はヒッピーたちと同じように驚きを隠せない様子だった。アリは想像していたよりずっと大きかったと後で言っていた。数年後、私は北京を訪れた際、アリとの再会を果たした。

〓〓〓〓〓

ブルースのチームは一九七二年五月初旬、『ドラゴンへの道』の撮影のためにローマに到着した。違法撮影も含めて、コロッセオでの撮影は、格闘シーン以外は慌ただしかった。ブルースは綿密な計画を立て、思い通りになるまで何度も何度も撮影を繰り返した。

『ドラゴンへの道』はコメディーとして演じられた。『ドラゴン危機一髪』の時と同じように、ブルースはローマに出稼ぎに来た田舎者を演じたが、今回は土地を狙うイタリアのマフィアに悩まされる中華料理店で働く従業員役だった。またもやヌンチャクを巧みに使った。あるユーモラスなシーンでは、イタリアのチンピラの一人がヌンチャクを手に取って振り回し、ブルースの動きを真似しようとする。ところが、自分が振り回したヌンチャクが頭にぶつかり気絶してしまう。前二作と同様、『ドラゴンへの道』も当初は東南アジア市場の中国人コミュニティー向けだったが、ブルースは香港プレミアで初めて台詞に北京語ではなく広東語を使用した。

また、主要な格闘シーン（韓国のハプキドーの専門家、空手家のチャック・ノリスとボブ・ウォール）には俳優を使わず、初めて本物の武術家を起用した。コロッセオでのノリスとの最後の格闘シーンでは、アリのクリーブランド・ウィリアムズ戦に触発され、最初はノリスがブルースを圧倒するが、ブルースは立ち直り、アリのようにダンスのような動きを始め、優勢に立つ。

ローマでの撮影を終えて香港に戻ると、マスコミは『ドラゴンへの道』の興行成績を予想するようブルースに詰め寄った。彼はためらうことなく、「この映画は香港で五百万ドルの興行収入を上げ、前二作を上回り、『サウンド・オブ・ミュージック』の香港での興行収入の三倍以上になるだろう」と語った。台詞が広東語なので、観客が北京語映画の字幕を読まなければならない香港では、特にウケがいいとわかっていた。

＝＝＝＝＝

『ドラゴンへの道』の主な撮影は七月末に終了した。ブルースはすぐに『死亡遊戯』の撮影に取りかかった。脚本はなく、漠然としたアイデアがあるだけだった。この映画は、五重塔から盗まれた財宝を取り戻すために雇われた五人の一流武術家のグループを描くものだった。五重塔の各階層は、異なるスタイルを体現する熟練の武術家によって守られており、次の階層に上がるためには、その武術家を倒さなければならない。

八月の終わり頃、カリーム・アブドゥル＝ジャバーがたまたま香港にいた。ブルースは、カリームを塔の最上階の守護神、「ノー・スタイル」の達人として構想し、まず彼とのシーンを撮影する機会を設けた。その後一カ月ほどかけて、第三層を守るエスクリマの達人、ダン・イノサントと、第四層を守る韓国人、ハプキドーの達人、チ・ハンジェとの格闘シーンも撮影した。ブルースは、ターキー・キムラを一つの層の守護神として起用し、幼少期の詠春拳の師であるウォン・シュン・レオンをもう一人の守護神として起用することも考えたが、彼がハリウッドのオファーから横道にそれる前に撮影できたのは、三層のシーンだけだった。

〓〓〓〓〓

東京の法律事務所との最初の契約は三年間で、一九七二年九月初旬に終了した。私は日本の生活を満喫していたので、三年目が終わりに近づいたとき、契約をもう一年延長した。

一九七二年十月十九日、私は仕事で東京から香港に飛んだ。紀子は香港に行ったことがなかったので、私に同行した。私の知る限り、ブルースはまだロサンゼルスにいたが、私は彼の家族を懐かしく思い出し、彼らの所在を調べてみた。

私は九年前に滞在したネイザン・ロードにあった、ブルースの実家のアパートを訪ねてみたが、そこは保育園に変わっていた。リー一家がどこへ行ったのか、誰も知らなかった。それから電話帳で兄のロバートやロバートのいとこのトニー・ライなど、思いつく限りの家族や友人の名前を調べたが、何もわからなかった。運がなかったようだ。

ブルースの家族と連絡を取るのは無理だとあきらめていたのだが、東京に戻る予定の前日、たまたま中国人の会計士と事務所で面会し、用事が終わった後、私は旧友の家族を探しているが、誰も見つからないと話した。

彼がその友人の名前を私に尋ねたので、私は「あなたは知らないでしょうね。ブルース・リーという名前で、ロサンゼルスに住んでいたんです。彼の父親は、有名な広東オペラのスター、リー・ホイチュアンというんです」と答えた。

会計士はいぶかしげに私を見た。「古い友人だと言いましたよね。多分、彼はロサンゼルスにはいないと思いますよ」と会計士。

私が会計士を見つめていると、会計士は立ち上がり、コーヒーテーブルに置かれていた新聞を手に取った。彼は新聞の映画欄を開き、ブルースが飛び蹴りをする写真が載った全面広告を折り返して私に見せた。数カ月前に公開された彼の二作目の映画『ドラゴン怒りの鉄拳』の広告だった。李小龍《リー・シウロン》＝リー・リトル・ドラゴンは街中の話題になっていた。彼がまだロサンゼルスにいると思っていたのは、香港中で私だけだったようだ。

まさかブルースの名前が電話帳に載っているとは思わなかったが、探してみた。実際にブルース・リーという人物が一人載っていたので、その番号に電話してみた。別人のブルース・リーに連絡を取ろうとして電話をかけたのは、私が初めてではなかったはずだ。電話に対応した人物は、「あのブルース・リーは私ではない」と根気よく説明してくれた。

私は友人に地元紙の新聞社に電話をかけてもらい、エンターテインメント部門の編集者にブルースが所属していた映画スタジオの名前を聞き出してもらった。そしてスタジオに電話してみた。ブルースの電話番号は教えてくれなかったが、私の名前と電話番号を伝えれば教えてくれるとのことだった。私はブルースが考えてくれた中国名、白馬徳《パアク・マァ・ダク》を名乗った。

五分後、ホテルの部屋の電話が鳴った。私が出ると、ブルースが叫んだ。「このくそ野郎！　香港で何してるんだ！」

彼とリンダは私たちを迎えに来て、九龍塘《カオルーントン》と呼ばれる九龍の中でも数少ない一戸建ての立ち並ぶ高級住宅街にある自宅に連れて行ってくれた。その巨大な家は、彼がその頃購入したばかりだった。一角の中で一番大きな家ではなかったが、割れたガラスやトゲの付いた高い石壁に囲まれた印象的な家だった。池とアーチ型の橋のある日本庭園もあった。

ブルースは成功したが、名声には代償が必要だった。誘拐されないように、子供たちは学校の送り迎えをしなければならなかった。紀子がトイレに行きたくなると、ブルースはトイレのドアの鍵を開けるために鎖の付いた鍵束を差し出した。当時、この家は改築中で、作業員による盗難を防ぐために、ほとんどすべての部屋に鍵をかけておかなければならなかったらしい。

私たちがリビングルームの椅子に座ったとき、ブルースは郵便物に目を通した。その中にオークランドのジェームズ・リーからの手紙があった。ブルースが手紙を読みながら顔をしかめているのが見えた。そして、リンダにジェームズに五百ドルを送るようにささやくのが聞こえた。ジェームズはガンで死にかけている、とブルースは後で私に話した。

彼はまた、数カ月前にテレビの慈善番組で起こった出来事についても話してくれた。彼は他のグンフーの達人たちとともに番組に招待されていた。達人の一人が、自分の「内なる気」、つまり内なる力を自慢し、ブルースを煽り、自分の腹を打つよう挑発した。その達人は構え、片方の腕を脇に、もう片方の腕を腹に向け、ブルースにそこを打てと主張した。「内なる気により、自分を傷つけることは不可能だ」と達人は言った。ブルースが近付くと、達人は再びそう主張した。ブルースは達人の鼻を叩いた。それほどきつくはないが、ズキンとするような強さだった。達人は驚いて後ろに飛び跳ね、激昂し、ブルースが何をやったのか知りたがった。ブルースは「備えあれば憂いなし、グンフーは予期せぬ事態に備えなければならない」と言った。

ブルースとリンダが私たちを自宅に招待してくれたので、私たちは滞在を延長する手配をし、ホテルをチェックアウトした。その晩、私たちは夕食に出かけた。印象的だったのは、ブルースがスウェットシャツのようなカジュアルな服装で出かけていたことだ。彼がいつも好んで着ていた派手な服装とは対照的だった。人前に出るとき人目を避けようとしたのだとしたら、それは失敗だった。

信号待ちで停車すると、道行く人や隣の車に乗っている人たちが彼をジロジロ見た。彼が選んだレストランは私たちが着いたときには満席だったが、どうにかテーブルを用意してくれた。その場にいた他の客が夕食を取れたかどうかわからないほど、ウェイター全員が私たちのテーブルの周りだけを回っているように見えた。

ブルースの家のダイニングルームには、マーシーの大きなホーム・ジム・システムが置かれ、ブルースはそれをよく使っていた。翌朝、紀子はブルースがジムでトレーニングしているところに出くわした。彼は彼女に腕と腹を触らせた。彼女は今でも、彼の腹部が大理石を削ったように硬かったことを思い出すという。

その後、彼は私たちを映画スタジオに案内した。ブルースはその頃、『死亡遊戯』の格闘シーンを撮影していた。彼は、巨体のカリーム・アブドゥル＝ジャバーなど、体格差のある熟練格闘家との格闘シーンを撮影することに夢中だった。ブルースはこのシーンの出来栄えにとても満足していた。彼はその映像のスチールをいくつか見せてくれたが、それは見事なものだった。それとは対照的に、最近、韓国から有名な格闘家を呼び寄せたが、その男の技量に非常に失望したという。彼が名前を口にした記憶はないが、おそらくチ・ハンジェだったのだろう。

ブルースは、カリームとスパーリングをしていて少し緊張した、という撮影中のエピソードを話してくれた。映画のエキストラやカメラマンが少人数で見ていたが、全員が中国人だったことが、緊張感を高めたのだろう。いずれにせよ、ブルースによれば、彼らは熱中していたという。カリームはサイドキックを使い、その長い足でブルースを寄せつけなかった。ブルースは最初のキックをブロックし、二発目もタイミングを計ってブロックした。そして三発目、カリームの足がまだ空中に伸びている間に、それを脇に払い、中に入った。カリームの残った足を払い、ブルースはカリームを倒し、彼の上にしゃがみ込んで連打を放とうとした。ブルースによれば、そのときカリームは両手を上げてこう言ったという。「気楽にやろうぜ！　ただのスパーリングだよ」ブルースはいつもの笑いを浮かべてこの話をした。

ブルースはまた、これまでに公開された二本の映画のうちの、もう一本も観せたがった。『ドラゴン怒りの鉄拳』が紀子の機嫌を損ねるかもしれないと思い、それに優るほどではなかったが、『ドラゴン危機一髪』を選んだ。スタジオの小さな劇場でその映画を観た。映画の筋書きが進むにつれてブルースの存在感が増していったが、ブルースが登場するのが映画の後半だったのが印象的だった。ブルースがもともとこの映画の主役になる予定ではなかったことを知ったのは、ずっと後になってからだった。彼がゴールデン・ハーベストと契約し、タイに行く前から、この映画のプリ・プロダクションは始まっていた。撮影の後半になって、ブルースと一緒に仕事をした後、ロー・ウェイは筋書きの中で、スター役を早く殺して、ブルースの出番をもっと増やすことにした。

紀子にとっても私にとっても、ブルースが有名になったことは痛し痒しだった。彼はどこに行っても大観衆に取り巻かれた。ダン・イノサントが『死亡遊戯』の格闘の撮影のために香港に飛んできたとき、観衆が暴徒化するのを避けるために彼を空港まで迎えに行ったのはリンダだった。

東南アジアのプロデューサーからさまざまなプロジェクトのオファーが殺到し、彼は動機のはっきりしない見知らぬ人々から小切手を差し出されるようになった。リンダによれば、「彼はあらゆる人を疑うようになった」という。オファーの具体的な内容を口にした記憶はないが、ブルースは、「誰を信用していいのかわからない」と私に話していた。ある時、ブルースは、私が東京での仕事を終えたら香港に移って彼の仕事を手伝ってほしいというアイデアをさりげなく口にした。そのアイデアについて詳しく話し合うまでには至らなかったが、興味をそそられたのは確かだ。十月二十四日、紀子と私は飛行機で東京に戻った。

＝＝＝＝＝

紀子と私が香港に滞在していたとき、ハリウッドとの契約がまとまりつつあるという話はなかったように記憶しているが、ある話が持ち上がっていた。フレッド・ワイントローブはブルースの企画をあきらめておらず、テッド・アシュレイに三人の格闘技家（白人、黒人、中国人）が犯罪組織のボスが主催する格闘技トーナメントに出場するというストーリー、『Blood and Steel（ブラッド・アンド・スティール）』を売り込んだ。ワイントローブは十月中旬、レイモンド・チョウとこの映画の共同製作を交渉するために香港に飛んだ。私と紀子が東京に戻った数日後、ブルースとチョウは詳細を詰めるためにロサンゼルスに飛んだ。

しかし、契約はすぐにはまとまらなかった。ブルースは自分にとって重要なことをいくつも主張し、契約書にサインすることなくロサンゼルスを後にした。とりわけ、彼は映画のタイトルを『Enter the Dragon（燃えよドラゴン）』に変えてほしかった。何度かのやり取りの後、彼は11月下旬に契約書にサインし、すべての格闘技の振り付けを彼が監督することになったが、ワーナー・ブラザースはまだタイトルを『ブラッド・アンド・スティール』にすることにこだわっていた。

『ドラゴンへの道』は一九七二年十二月三十日に香港で初公開された。『ブラッド・アンド・スティール』の撮影が始まるまでの三週間で、興行収入は五百五十万香港ドルに達し、『ドラゴン怒りの鉄拳』の記録を上回り、ブルースの予言が的中した。しかし、この成功はほろ苦いものだった。月初めの十二月二日、ブルースの師匠イップ・マンが亡くなったのだ。訃報を知らなかったブルースは葬儀を欠席し、多くの否定的な報道を受けた。そして十二月二十八日にはジェームズ・リーが亡くなり、これも大きな痛手となった。

一九七三年一月に『ブラッド・アンド・スティール』の撮影が始まる前から、状況はあまり芳しいものではなかった。香港のスタジオと香港で共同製作するというアイデアは、ワーナー・ブラザースにとってはまだギャンブルのように思えた。割り当てられた予算はハリウッドの基準からするとわずかなもので、当初の重要な決定には制約があった。

初期の決定事項の一つは、ボブ・クラウスという監督の起用で、彼は長編映画の経験はほとんどなかったが、安く使えた。役者についても同じやり方だった。黒人俳優のロックン・ターキントンが香港への出発前夜に出演料の低さを理由に役を降りたため、格闘家のジム・ケリーがその代役となった。ブルースは、犯罪組織のボスのボディーガードである大物俳優の一人にチャック・ノリスを起用したが、ノリスは『ドラゴンへの道』でブルースにさんざんな目にあわされた経験で、あれで十分だと思ったらしい。代わりにボブ・ウォール（『ドラゴンへの道』にも出演）が採用された。アメリカの観客に馴染みのある俳優を少なくとも一人は起用するため、ワイントローブは三人目の主人公役をジョン・サクソンにオファーした。自分が主役になると思わせて、サクソンを誘った。

ブルースは、脚本への大幅な変更を求め、撮影開始をボイコットした。彼はこの映画をハリウッドの大役への切符と考え、このチャンスを台無しにしたくなかったが、中国の観客に自分がどう受け止められるかということを、かなり気にしていた。例えば、ブルースは当初の脚本のように、英国人に代わって、悪の犯罪組織のボスを逮捕するために派遣された中国のジェームズ・ボンドを演じるのではなく、犯罪組織のボスのボディーガードに殺された妹の仇を討つという使命を帯びた、少林寺の僧侶になることを提案した。

ブルースの撮影ボイコットはほぼ二週間続いた。彼がようやく戻ってきたときも、問題は解決していなかった。初日、彼はレイモンド・チョウと監督権をめぐって口論になり、撮影現場から立ち去った。

ブルースが最初に撮影したシーンは、彼が発症した顔面筋けいれんのために何度もリテイクを要した。そして、敵対する三人組とつながりのあるエキストラの間で喧嘩が勃発。さらに、アメリカ人クルーと中国人クルーとの間で紛争が起こった。劣悪な機材や電気系統の故障にも対処しなければならなかった。映画の中でガラクタの後ろに曳かれていたボートが転覆したり、喧嘩のシーンでブルースが割れた瓶で指を切り、十二針縫う怪我をしたり、作り物（幸いにも）のコブラに噛まれたりと、災難はさらに事態を遅らせた。同時にブルースは、十五分間でもいいから名声を得たい、失うものはほとんどないと考える何百人ものエキストラたちからの挑戦と戦わなければならなかった。

中国人女優たちがアメリカ映画で娼婦の役を演じることを拒否したため、そのシーンのために本物の娼婦たちが雇われたが、本業で受け取る以上の報酬を要求した。この騒ぎは、もっと危険な仕事をしているにもかかわらず低い報酬しか得ていないスタントマンたちの憤りを引き起こした。

監督のボブ・クラウスとブルースとの間の緊張は、脚本変更をめぐる交渉や調整を悪化させた。ブルースは、降板させられたと思っていた脚本家がまだ仕事に残っていることを知ると、またも撮影現場から立ち去り、すでに予定より遅れていた撮影を中断させるという暴挙に出た。

絶え間ないストレスと肉体的な要求、それに蒸し暑さが重なり、ブルースは蝕まれていった。ブルースの体重は、タイで『ドラゴン危機一髪』を撮影したときと同様に劇的に減少し、肌は「灰色で青白く」なっていった。撮影が終わるころには疲労困憊していた。それでも三月初めにアメリカ人クルーの仕事が終了した後、彼は鏡の迷路での最後の格闘シーンと、イギリスの諜報員ではなく少林寺の僧侶であることを証明する冒頭シーンを完成させるために、撮影現場に残った。

カルロ・ポンティからはソフィア・ローレンとの共演、MGMからはエルビス・プレスリーとの共演など、世界中から魅力的なオファーが舞い込み続けた。大ヒットの可能性が見えてくると、ワーナー・ブラザースは突然、ブルースと複数作品の契約を結びたがった。四月の終わりごろ、ブルースはワーナーの社長のテッド・アシュリーに、「安くは出ない」と警告した。スターリング・シリファントもついに『ザ・サイレントフルート』の制作許可を得た。彼は同月、ジェームズ・コバーンに香港に飛んでもらい、ブルースにこの企画に再び参加するよう求めたが、ブルースはそれを断った。

ブルースは『ブラッド・アンド・スティール』が大ヒットすると確信していた。彼はカスタマイズしたゴールドのロールスロイス・コーニッシュを、イギリスに注文した。しかし、彼はまた賭けに出て、四月末に数百万ドルの生命保険に加入した。

ブルース、リンダ、シャノン（長女）、ブランドン（長男）が揃った家族写真。
ブルース・リー・ファミリー・アーカイブ提供

14章　突然の終焉

天性「じっとしていない」ブルースにとって、リラックスすることが初期設定とはならなかった。彼は『ブラッド・アンド・スティール』（後に『燃えよドラゴン（Enter the Dragon）』となる）を完成させるために執拗に自分を駆り立てた。彼は、リラックスしたくてもできないし、そうするように勧められると苛立った。仕事をしながらリラックスしていると思い込んでいたのかもしれない。

一九七三年五月十日に最初の発作を起こしたことは、彼が自分を追い込みすぎていたのが一因だったといえるだろう。ブルースは、ゴールデン・ハーベストの小さな蒸し暑い吹き替え室で、『ブラッド・アンド・スティール』のアフレコを繰り返していた。騒音がレコーディングの妨げにならないよう、エアコンは切ってあった。ブルースは気が遠くなり、トイレに行った。しばらく時間がたった後、床に倒れているところを発見されたが、ブルースは自分の状態を知られたくなかったので、トイレでコンタクトレンズを探していたふりをした。しかし、ダビング室に戻された後、彼は再び倒れて嘔吐し、呼吸困難に陥った。

病院に運ばれたが、発作のような痙攣を抑えるためにテーピングで押さえつけなければならなかった。医師たちは脳浮腫を推測し、脳の腫れ抑える薬を投与した。薬が効かなければ脳外科手術も辞さない構えだった。

幸いなことに薬は効き、数時間後、ブルースは回復の兆しを見せた。話しができるようになり、リンダに「死ぬかと思った」と告げた。

〓〓〓〓〓

その後数日間、医師たちは脳浮腫の原因を突き止めようとした。ブルースが、医師の一人に大麻を少し摂取したと言うと、医師はそれが原因で倒れたのではないかと推測した。ブルースはその推測に異を唱え、アメリカで検査を受けると言い出して、それ以上の検査を断った。

リンダは、ブルースが創作力を高めたり、リラックスするために、時々大麻を使っていたことを認めている。一部の証言では、ブルースは大麻常習者であるかのように言われているが、常時ハイになっていたのでは、あれほどハードに、あれほど長く働き、あれほどの業績を残せたはずがない。また、彼はすこぶる健康志向で、高タンパク飲料や、果物や野菜をブレンドした独自の飲み物を飲み、複数のビタミンを摂取していた。彼は大麻が健康に害を及ぼすとは考えていなかった。

倒れてから二週間後、ブルースとリンダはセカンドオピニオンを求めてロサンゼルスに飛んだ。広範な検査の結果、ロサンゼルスの医師たちは困惑した。ブルースの容態は極めて良好で、健康状態に問題はないと判断した。そして、ブルースが倒れた要因から大麻を除外した。念のため、彼らはディランチン（フェニトイン、抗けいれん薬）を処方した。しかし、彼をよく知る友人たちによれば、彼は以前のブルースではなかった。ボブ・ウォールによると、「顔色は真っ白で、痩せていて、神経質で興奮していた。混乱し、自信がなく、疲れきっているように見えた……時折、会話の中で同じ言葉を繰り返すこともあった」という。

ロサンゼルス滞在中、スタジオでは『ブラッド・アンド・スティール』の早期上映会があった。映画はまだ完成しておらず、音楽のサウンドトラックやその他の効果もまだ加えられていなかったが、それを観た誰もが、映画の成功を確信した。プレミアの日程は八月に決まり、ブルースはジョニー・

カーソン・ショーへの出演を含め、映画のプロモーションのためにアメリカに戻ることに同意した。

ブルースは自分のチャンスが飛躍的に広がったと感じた。彼は、復活した『ザ・サイレントフルート』を断るだけの自信があった。スターリング・シリファントに電話し、一本百万ドル（約一億円）のオファーが来ているのだから、その金額を上回らなければ、この話は無理だと伝えた。

六月初旬、ブルースとリンダは香港に戻った。その直後、ブルースは『ブラッド・アンド・スティール』を『燃えよドラゴン』に改名するようワーナーを説得した。ワーナーは抵抗し、代替案として『ハンズ・アイランド（Han's Island）』を提案した。しかし、ブルースは固辞した。この時点で、ワーナーはブルースと次回作の契約を結びたいと考え、ブルース案を遂に受け入れた。一九七三年六月十三日、テッド・アシュリーからブルースに電報が届き、映画名は『燃えよドラゴン』に決定した。ブルースは大喜びした。

しかし、現実問題として、ブルースとリンダは未だに経済的な苦境から抜け出せていなかった。『燃えよドラゴン』はまだ封切られていなかった。彼らは『ドラゴンへの道』からの収益を前借りして生活していたが、ブルースの取り分がわずかに入ってくるだけだった。彼はレイモンド・チョウにだまされているのではないかと疑っていた。

他のプレッシャーも減っていなかった。倒れたのは「過労とストレス」のせいだと本人でさえ言っていたにもかかわらず、彼はペースを落とすことができなかった。一つの目標を達成すると、直ちに次の目標に切り替えていった。ジョン・サクソンに言わせれば、彼の人生は「悪循環に陥っていた」という。同時に、香港での生活は、まるで水槽の中で魚が生活しているようなものだった。群衆が集まってくるので、外出もままならず、何をするにも批判的な報道がなされた。ある時点で彼はアメリカに戻ることを決意し、年に二、三回香港に戻って、映画プロジェクトを進めようとしていた。

だが、次第に気分の波が激しくなってきた。あるときは、自分が成し遂げられることに「限界も終わりもない」と断言し、またあるときは、「いつまで続けられるかわからない」とリンダに告白した。ロー・ウェイとの間でいつもと違う出来事が起きたが、これはストレスがブルースの精神状態に与えていた影響を物語っている。一九七三年七月十日、ゴールデン・ハーベストのスタジオにいたブルースは、ロー・ウェイ監督とその妻が敷地内の別の試写室にいると聞いた。ロー・ウェイはマスコミにブルースについて批判的なコメントをし、彼の成功を自分の手柄にしようとしていた。ブルースはロー・ウェイと対決することを決意し、激しい口論となった。

二人が別れた後、ブルースはレイモンド・チョウのオフィスに戻ったが、ロー・ウェイの妻は後を追い、ブルースの礼儀のなさをたしなめた。ブルースは再び激怒し、急いで試写室に戻った。彼はベルトのバックルに隠し持っていた短いナイフを取り出し、振り回した。ロー・ウェイは警察に電話し、ブルースに脅されたと訴えた。警察が到着すると、ナイフもベルトのバックルも見つからなかったが、ブルースに、ロー・ウェイに近付かないと約束する供述書を書かせた。リンダは、ブルースが対決中に、ベルトのバックルに入っていたナイフを抜いたことを認めている。彼女の言葉を借りれば、「あのときの彼の行動は良くなかった」という。

その夜、ブルースはテレビ番組に出演し、ロー・ウェイにナイフを向けたのかと聞かれ、それを否定し、「もしロー・ウェイに危害を加えたいのであれば、素手で十分だった」と主張した。その主張を裏付けるために、彼は事前に練習しておいたデモンストレーションを披露した。つまり、テレビ司会者の肩を押したのだが、司会者がすっ飛んでしまった。このデモンストレーションは裏目に出て、朝刊はブルースを「弱い者いじめ」として報道した。

ブルースは昔から短気だったが、晩年はそれを抑えていた。実際、彼は殴り合いを避けるために、わざわざ遠回りをしていた。喧嘩になったときは、必要最小限の力で終わらせた。彼は武器や武器に関する本を集め、自分用にベルトのバックルに隠し持てるナイフを何本か作らせ（リンダの言葉を借りれば）、それがむしろ「賢い」と考えていた。しかし私の知る限り（そしてリンダの知る限り）、彼が武器で人を脅したことは一度もなかった。特に格闘技の腕前があるわけでもない年配の男、ロー・ウェイに武器を持ち出す必要などなかったのだ。彼が言い争いの場に武器を取り出したという事実は、ブルースの身体の状態の何かがおかしいというネオンサインの点滅だった。

ブルースは香港でも銃を携帯するようになったという話がある。しかし、私はかなり疑わしいと思っている。一つには、香港では（ナイフとは対照的に）銃は珍しいものであり、銃を所持することは重大な法的処罰を伴うということになる。リンダは彼が銃を所持していたことを強く否定している。

もう一つの話は、晩年、彼が孤立していくにつれて、大麻を摂取する量が増え、日本酒を飲む量も増えていったというものだ。大麻についてはともかく、アルコールに関して言えば、彼は酒に弱かったし、私は彼が一口以上、酒を飲むのを見たことがない。おそらく彼は日本酒に耐性を持ったのだろうが、数ある酒の中で日本酒にしか耐えられないというのは、奇妙に思える。リンダは彼が大麻を摂取していたことは認めているが、飲酒を否定している。ブルースはまだ慢性的な背中の痛みに苦しんでいたのだから、その時期は他のプレッシャーもあり、ダーボンに加えて飲酒と大麻で自己治療を始めた可能性は想像できる。もしそうだったとしたら、事態がおかしくなっていたことを示す、もう一つの証拠となる。

晩年、ブルースの気分の落ち込みが激しくなり、友人たちは彼の行動が常軌を逸していると思っていたことは確かなようだ。その一例として、映画業界にいた幼なじみによれば、死の数日前、マニラでロケをしていたブルースから電話があり、とりとめのない会話の中で頭痛を訴えていたという。ジエシーも、亡くなる数カ月前、香港にブルースを訪ねたジョン・リーが、「ブルースは以前の彼とは違うし、神経質で疑り深く付き合いにくい、とターキーに話していた」と語っている。

〓〓〓〓〓

一九七三年七月二十日、すべてが頂点に達した。出来事の正確な詳細や順序についてはさまざまな見方があるが、重要な事実ははっきりしている。ブルースは『死亡遊戯』の撮影を再開し、昼過ぎから夕方にかけて、彼とレイモンド・チョウはこの映画で主役を演じる予定の女優、ベティ・ティン・ペイのアパートにいた。ブルースは頭痛を訴え、レイモンドはブルースとベティも出席する夕食会の準備のために出て行った。ベティはブルースに医師から処方されたエクアジェシック（精神安定剤）を飲ませ、ブルースは横になって休んだ。その後、レイモンド・チョウが、二人が夕食に来ないので電話したとき、ベティ・ティン・ペイは、ブルースを起こすことができなかった。レイモンドが彼女のアパートに戻り、医者と救急車を呼んだときには、数時間が経っていた。ブルースの症状の一部は、二カ月前に倒れたときと同様のものだった。しかしこのときは、ブルースは回復しなかった。

ブルースが倒れた場所は、当初正確に報道されなかった。香港の新聞が実際の場所を知ると、大騒ぎになった。ブルースの不倫疑惑やベティ・ティン・ペイとの関係について書いた人もいる。私はそのことについては何も知らない。ブルースのすべての業績とは関係ないことだ。私が知っているのは、ブルースがリンダ、ブランドン、シャノンを愛していたということだけだ。リンダはブルースの親友であり、相談相手であり、心を落ち着かせてくれる存在だった。リンダの存在がなければ、ブルースはあの偉業を成し遂げられなかっただろう。

ブルースの死の数日後に検死が行われた。その二日後に香港で行われた葬儀は、棺を一目見ようと一万五千人以上が集まり、大騒ぎだった。翌日、彼の遺体はシアトルに運ばれ、静かで落ち着いたセレモニーが行われた。リンダが育った家からほど近い、キャピトル・ヒル地区のレイク・ビュー墓地にブルースの遺体が埋葬された。

〓〓〓〓〓

ブルースの訃報を初めて耳にしたのは、オフィスで一緒に働いているアメリカ人弁護士が米軍のラジオ局でニュースを聞いたと話してくれたときで、私は、度肝を抜かれた。真っ先に頭に浮かんだのは、その九カ月前に私が香港にいたとき、彼が香港のテレビ番組で何百万人もの聴衆の前で、自分の「気」を自慢したグンフーの達人に対峙したときの話だった。達人はブルースに鼻を叩かれ、間違いなく面目を失っただろう。それが理由で、ブルースは毒でも盛られたのだろうかと思った。

紀子と私は、東京からどちらの葬儀にも参列することはできなかった。私の両親はシアトルでの葬儀に参列した。両親はリンダの落ち着きと不屈の精神に感銘を受けていた。母はまた、ターキーがスピーチの最初と最後に、棺に向かってブルースのグンフーの敬礼をし、その上にブルースの拡大写真を置いたことにも感動していた。

リンダは葬儀の後、私の両親が花を贈ってくれたことへの感謝を伝える言葉をカードに綴った。そのカードには、ハリール・ジブラーンの名言が書かれていた。

「魂は肉体のように滅び、死んだ魂は二度と戻ってこないと言う人がいたら、花は滅びるが、その種は残り、永遠に続く命の秘密として私たちの前に横たわっている、と言いなさい」

名言のあとに、彼女はこう書いている。

親愛なるパーマー夫妻、

ブルースはいつも、あなたたちご夫妻と特別な友情で結ばれていると感じていました。

短い一生でしたが、ブルースを知り、彼の真価を認めていただいたことを、嬉しく思います。

ブルースも、一時期彼を家族の一員として受け入れてくださったあなたがたに感謝したいことでしょう。お心遣い、ありがとうございます。

愛をこめて、

リンダ

香港で再会した後も、私は時々ブルースと連絡を取り合っていた。私は、仕事の契約が終了したら、ブルースの下で働くために、夏の終わりに香港に移住することを真剣に考えていた。彼の突然の死は、もちろんその可能性に終止符を打った。他に何も考えていなかった私は、東京での契約をさらに半年延長した。

〓〓〓〓〓

ブルースの死から一カ月後の一九七三年八月、『燃えよドラゴン』はロサンゼルスのグラウマンズ・チャイニーズ・シアターで初演された。このプレミアは、通りでライオンダンサーが踊り、観客が溢れ、壮観だった。リンダも出席したが、ブルースの死のショックが記憶に新しい彼女にとって、隣にブルースが座っていない状態で、スクリーンで彼の生の演技を見るのは辛かっただろう。

誰もが『燃えよドラゴン』のヒットを期待していた。予算を大幅にオーバーしていたが、最初のカットを見たワーナー・ブラザースは、特別な音楽と音響効果のために五万ドルを追加計上した。そして、その成功の早さと大きさには誰もが驚いた。年末までに全世界で九千万ドルの興行収入を記録したのだ。

ブルースもヒットすると思ってはいたが、不安も大きかった。彼はすべてを賭けていたが、アジア人の俳優が西洋で受け入れられるのか、中国の観客はこの映画を西洋的すぎると思うのではないかと心配していた。心配する必要はなかった。香港では、前作ほどではなかったがヒットを記録し、他の地域ではそれを補って余りある成功を収めた。残念なことにブルースは、自分の夢が叶い、友人でありライバルでもあったジェームズ・コバーンやスティーブ・マックイーンを凌ぐ名声を手にしたことを、見ることができなかった。

＝＝＝＝

ブルースの死因については、その後数週間、さまざまな噂が流れた。検死の結果、ブルースの胃から大麻が発見されたという事実が(エクアジェシックとともに)、さらに噂を煽った。一部ではベティ・ティン・ペイが非難され、爆破予告が警察にまで通報された。事態を沈静化させるため、イギリス植民地政府は審問を命じた。

審問は九月三日から九月二十四日まで行われた。リンダ、レイモンド・チョウ、ベティ・ティン・ペイをはじめ、彼の死亡を宣告した医師やその他の医学専門家など、多数の証人が召喚された。ブルースが死亡保険に加入していた保険会社の弁護士は、大麻が死因であることを立証するため、何人かの証人に質問した。というのも、それは保険金支払いを拒否する根拠となるからだ。

大麻説は審問で事実上否定された。その代わりに、エクアジェシックが原因である可能性が高く、アスピリンかメプロバメート、あるいはその組み合わせがアレルギー反応を引き起こし、その結果、脳浮腫となったと宣言された。しかし、ベティ・ティン・ペイによれば、ブルースは以前にもエクアジェシックを服用したことがあったが、何の反応もなかったという。しかも、以前、同じような症状で倒れたときは、エクアジェシックを服用していなかったという。

彼の訃報を最初に聞いたときに思ったこととは裏腹に、その後の私はブルースが毒殺された、あるいは、dim mak（遅効性死点打撃を意味し、身体の特定の部位を狙った、一見すると致死量に満たない力で人を殺す武術の技）の犠牲者とは思えない。彼の致命的な倒れ方が、その種の毒殺によるものであったなら、その可能性も考えられる。しかし、死の二カ月前に倒れていることから、自然死の可能性が高いと思われる。

マシュー・ポリーの最近の著書によれば、熱射病を原因とする新説を打ち出している。彼はもっともらしいケースを挙げている。ジェシー・グローバーは、ブルースが暑さに弱かったことについて書いており、暑いときに彼のコントロールが悪化したことを指摘している。ブルースが倒れた両日は確かに蒸し暑かった。そして、ブルースは最初に倒れる少し前に、脇の下の汗腺を除去する手術を受けた。しかし、ブルースは香港で育ち、亡くなる数年前から香港に戻っていた。このような状況には慣れていたはずだ。加えて、亡くなる前の数カ月間のブルースらしからぬ行動から、何か別のことが起こっていたのではないかと私は考えている。

リンダは、ブルースが慢性的な背中の痛みを和らげるためにダーボンを服用していたことを認めている。ダーボンとプロポキシフェンのジェネリック薬は二〇一〇年にFDA（アメリカ食品医薬品局）によって禁止されたが、ダーボンは当時香港で市販されており、ブルースは長期間にわたって頻繁に使用していた。リンダは、ダーボンがブルースの身体に長期的に影響を与えていたのではないかと推測している。ダーボンは心臓の問題で死亡者が出たため、FDAによって使用が禁止されたようだが、この薬に関するオンライン情報には、異常行動、昏睡、嘔吐、けいれんなどの潜在的な副作用が記載されている。リンダはその可能性について、確信というより推測として「ブルースが亡くなる数カ月前の異常行動を見る限り、その可能性は十分にある」と語っている。彼が抗けいれん薬として服用していたディランチンは、ときにダーボンのような鎮痛麻薬とも相互作用がある。

しかし、検死、検視、そしてその後数十年にわたる果てしない憶測の末に、彼の死に至った脳浮腫の原因は謎のままである。

〓〓〓〓〓

一九七四年初め、東京での仕事を終え、私と紀子はシアトルに戻った。ターキーはまだそこでブルースの学校を経営していた。彼はファーストヒルにＩＧＡの店を構えており、地下の倉庫の一部を教室のために使っていた。私は帰国後すぐに教室に復帰した。

ターキーは教室の日常的な監督をほとんど師範代に任せていた。私は腹筋や腕立て伏せは平気だったし、たまにグローブをはめて地下室の隅に設置されたリングに上がるのも好きだったが、教室は以前と同じではなかった。

教室では、シアトル時代のブルースのテクニックを忠実に再現し、たくさんスパーリングをした。しかし、それは限られた同じ技を繰り返し練習するものだった。それでも、ある点まではいい。問題は、技を拡大し、進化させる仕組みが感じられなかったことだ。発見の興奮もなかった。そして、そこにはブルースがいなかった。身体訓練のために何年か続けたが、結局はやめてしまった。

幸いなことに、グンフーの技を本気で使う機会はなかったが、訓練は後から役に立った。ある夜、私は仕事を終えて、当時まだシアトルのスキッドロードと言われていた、安っぽいバーやのぞき小屋が立ち並ぶファーストアベニューを歩いていた。そのとき、通りの反対側にあるバーの前で何やら騒ぎになっているのに気付いた。突然、ネイティブ・アメリカンらしき男が通りを横切り、車を間一髪で避けながら渋滞を駆け抜けていった。それを若い男が猛追した。若い男は私の少し手前で相手に追いつき、地面に叩きつけ、蹴り飛ばした。年配の男は体を丸めて蹴りをかわそうとした。

二人の間に何があったのか、どちらが元凶なのかはわからなかったが、地面に倒れている男は何の危険もなさそうに見えた。私は、二人の声が聞こえ、必要であれば割って入れるほど近くにいたが、蹴りの届く範囲ではなかった。私は若い男に「やめろ！」と言った。

蹴っていた男が振り向き、その隙を見て、蹴られた方は走り去った。男は明らかに怒っており、その怒りは今度は私に向けられた。私は男から数歩離れてそこに立ち、体の右側をわずかに彼の方に向けた。それは、ブルースが教えてくれた、「攻撃的な意思を示すことなく準備するための構え」だ。

男は私に向かって悪態をつき、「余計なお世話だ！」と言った。私は、右肘を左手で包み込み、右腕を上に垂直に伸ばし、右手の親指と人差し指で顎と鼻を無意識に掻いているように見せて、即座に動けるようにして待った。数秒後、男は再び悪態をつき、「眼鏡をかけていてよかったな」と言った。彼はこれ以上攻撃しないと決めたのがわかり、私は肩をすくめた。ミッションは達成された。

15章　ブルースとモハメド・アリ

私が二度目にモハメド・アリに会ったのは、中国が二〇〇〇年のオリンピックを目指していた一九九三年に北京を訪れたときだった。一流のスポーツイベントを開催できることを世界に誇示するため、中国は初のプロ・ファイトカード「ブロウル・アット・ザ・ウォール（万里の長城の乱闘）」の開催を決定した。結果的に、この試合のスポンサーだった中国企業は、シアトルのボクシング・プロモーター二人組から有名ボクサーとのニセ契約を提示され、数百万ドルをだまし取られた。シアトルで私が勤務していた法律事務所に資金回収の依頼がきた。その中国企業は、試合が不成立になったため、急遽、本物の対戦カードを組むために奔走しなければならなくなり、私もその仕事に当たった。当時、アリ自身はもう試合に出ていなかったが、中国では尊敬されており、中国側から特別ゲストとして「ブロウル・アット・ザ・ウォール」に招待された。

もう一人の弁護士と私もそのイベントに招待された。中国のスポンサーはボーイング７４７をチャーターし、すべてのファイターとそのトレーナー、手配人をサンフランシスコから北京まで運んでくれた。私たちはアリや他の選手たちとともにトップデッキに座った。当時、パーキンソン病の症状を呈していたアリは、歩き方も話し方もたどたどしかったが、彼の肉体的な存在感とカリスマ性は相変わらず輝いていた。そして、この中国の旅の間、アリがデモンストレーションする場面で、私は彼とブルースの類似点がたくさんあることを、何度も見た。

行きの飛行機で、彼は空中に足を浮揚させるようなフットワークや、さまざまな離れ技で客室乗務員を楽しませた。客室乗務員が彼の数歩前にいるとき、彼の足は震え、ゆっくりとデッキから一センチほど浮き上がったように見えた。後ろから見ていた私の目には、彼のかかとがまだしっかりと接地

モハメッド・アリと著者、1993年、北京にて

している一方で、足の前半分がデッキと平行に浮き上がっているように見えた。客室乗務員たちは大喜びだった。

飛行機は夜中に上海に着陸し、入国審査を済ませた後、北京に向かった。乗客は皆、うつらうつらしながら飛行機を降り、入国審査場に向かって通路を上っていった。私はアリのすぐ後ろにいたが、通路の奥にまばゆいばかりの明るい光がいくつもあるのに気付いた。私たちが近付くにつれ、その光の正体がわかった。テレビカメラを持った中国の報道陣が、どうにかして入国審査エリアに近付こうとしていたのだ。レポーターがアリの前に出てきてマイクを押しつけ、「中国は好きですか？」と尋ねた。アリは立ち止まったが、照明と寝不足で意識が朦朧としているようだった。そしてカメラをまっすぐに見た。「いいえ、中国は好きではありません」と言ったすぐ後に「中国にほれ込んでいます」と言い替えた。彼はさらにいくつかの質問を受けたが、最初と言い替えたセリフの両方が、翌日、北京のあらゆるテレビニュース番組のトップニュースとして取り上げられた。

アリが北京のどこに行っても長い車列ができて、白バイ警官の小隊が交通整理をしていた。ある会場では、アリは制服を着た兵士たちに取り囲まれ、ジロジロ見られたり、サインを求められたりした。彼らの頭越しに、アリは子供たちのグループを見つけたが、子供たちは人混みでアリに近付けなかった。アリはゆっくりと兵士たちをかき分けて子供たちのところに行き、彼の写真の小さなコピーを配った。

＝＝＝＝＝

正直に告白すると、私は時々、おそらく多くの人々と同じように、ブルースがアリと対戦していたらどうだっただろうかと思うことがある。

身長百九十一センチ、体重九十五キロ以上（マック・フォスターと戦ったときは百二キロとされていた）のアリは真のヘビー級であり、身長一七二センチで六十二、三キロ前後のブルースはライト級かウェルター級だった。ブルースは「強い大男は強い小男に勝つ」とよく言っていた。他の技や力量すべてが同じであれば、体格の違いは重要だ。そして、二人には共通点があった。

二人とも自分の技術を完璧に磨き上げるために懸命に訓練し、非常に負けず嫌いで、気骨があった。アリは高校時代、トレーニングのためにスクールバスと競走した。ブルースは完璧主義者で、身体能力と技を磨くために絶えず練習していた。そして完璧なファイターである二人は、相手との絶妙な距離感を感知する能力を持っていた。彼らは、どこまで進めば相手の腕や足が自分に届くかを直感し、その間隔の端か外側にとどまることができた。アリはリング内に、心理的な「安全地帯」を想定し、その端で両手を広げてホバリングしていた。ブルースもまた、その点で不思議な能力を持っていた。

しかし、話はそれで終わりではない。実際、体格以外のすべてが同じだったわけではない。ブルースには有利に傾きそうな要素がいくつかあった。

その一つがスピードで、手の速さだけでなく、反射神経にも当てはまる。言うまでもなく、アリは手の速さも反射神経もすぐれていた。一九六七年二月、アーニー・テレルとの論争の的となった一戦が今でも目に焼き付いている。アリは「奴隷の名前」であるカシアス・クレイからモハメド・アリに改名したが、テレルは新しい名前で呼ぶことを拒否した。アリはそれを個人的な非難と受け止めたらしい。

この論争は、「アリがテレルを不必要に愚弄している」と一部のスポーツライターが書いたことから起こった。試合中、六ラウンドにわたってテレルの周りを踊るように跳びはねながらテレルを圧倒し、繰り返し殴った後、アリは何度も両手を下げて顔を前に突き出し、「俺の名前は何だ?」と叫びながらテレルに近付いた。テレルは何発もパンチを放ったが、アリはほんの数ミリの差で、すべてのパンチを避け、両手でブロックすることなく、わずかに体を傾けたり、頭を左右に動かしたりした。

そうすることで、彼は、相手との絶妙な間合いを公然と見せつけた。これには際立った反射神経が必要だった。テレルは屈辱を味わったが、十五ラウンドを倒されることなく戦い抜いた。

アリがヘビー級としては異例の速さを持っていたのは間違いない。彼のジャブは、史上最強のボクサーと呼ばれることもあるウェルター級／ミドル級のシュガー・レイ・ロビンソンよりも速かったと言われている。しかし、私は、そのアリよりも、ブルースの方が速かったと思っている。体が小さいから、そうなるのは当然だろう。私は、両者の決定的な科学的比較を聞いたことはないが、ブルースが格闘シーンを撮影するときは、あまり動きが速いので、動きをスローにしなければならなかった。彼はまた、「手は目よりも速い」という古い諺を体現していた。

ブルースのお気に入りの手品がある。相手の手のひらに十セント硬貨を乗せ、それから二、三歩下がり、ブルースは「あなたの手からコインをひったくりますよ。あなたが、その前に手を閉じられるかどうか確かめてください」と言う。彼は相手の準備ができたのを確認すると、あっという間に前に飛び出し、また後ろに下がる。コインが自分の拳の中に無事に収まっていることを確信しながら。相手は手を握りしめたままその場に立って、不敵な笑みを浮かべる。ところが、ブルースが一メートルほど離れたところからコインを振りかざすと、相手は、自分の手の中にコインがないことに気が付いて、「信じられない」という困惑の表情を浮かべるのだ。

傷口に塩を塗るように、ブルースはときどき、同じ相手に「もう一回やってみよう」と持ちかけた。二回目になると、相手はコインが自分の手の中にあることを確信する。ところが、手の中に十セント硬貨の代わりに一セント硬貨があるのに気付き、その人は信じられない様子で目を見開く。

もちろん、スピードが必ずしも大きさに勝るとは限らない。拳の衝撃は、速さだけでなく質量（重さ）にも左右される。つまり、より大きな拳（とその背後にある体）を持つ人間は、パンチのスピードが遅くても、よりインパクトのある一撃を与えることができるだろう。しかし、ここでもブルースは自分の小ささを補って余りある技を磨いた。腕だけで放つ大振りのパンチが、肩や胴体を使ったパンチほど強力でないように、ブルースは文字通り、全身を使ってパンチを繰り出すことができた。彼は自分の全体重の力を腕を通して拳の先に伝えることができた。身構えた大男に尻餅をつかせた彼のワンインチ・パンチを見た者は、彼の生み出す強烈な力を知っている。

反射神経と手の動きの速さに加えて、間合いを詰めるスピードも重要だ。アリもその点では負けていなかったが、ブルースは大柄な相手と戦うことが多かったからだろうが、コインをひったくるトリックでは、いつも相手から数歩離れたところから始めた。彼は、カリーム・アブドゥル＝ジャバーのような大柄な男たちとスパーリングをすることで、実際にその技に挑戦するのが特に好きだった。

映画『死亡遊戯』の撮影現場でのカリームとのスパーリングで、カリームのキックに正確なタイミングを合わせなければならなかったという話から私が得たポイントの一つは、体格は確かに重要だということだった。例えば、ブルースが身長百八十八センチの私とスパーリングをしたなら、私のキックのタイミングを計る必要もなかっただろう。彼は最初のキックで私に一撃を与えただろう。アリはブルースよりずっと大きかったが、カリームほどではなかった。そして、もしブルースがキックをしないアリと戦っていたとしたら？

そこで、ブルースとアリが対戦した場合、互角に戦えたかもしれない四つ目の要因、つまり、両者がまったく異なる分野から来たという事実に行き着く。ボクシングにはその性質上、ルールがあり、打撃に使えるのは拳だけ（足、膝、肘、頭突きは禁止）、パンチは特定の部位にのみ向けられる（ベルト下や後頭部への打撃は禁止）。また、グローブは打撃の種類を大きく制限する（例えば、目への指ジャブは禁止、グローブを着けたまま効果的に喉を打つのは難しい）。もちろん、ボクサーはリング上で不正を働く。私のボクシング・コーチのウォルター・マイケルは、その手口を知り尽くしていた（グローブの親指で目を突く、かすめるようなパンチでグローブの紐を使って皮膚を傷付ける、審判に見破られにくい柔道のような動きで、相手に接近する際に足を出して相手をつまずかせるなど）。しかし、ボクシングの不正なトリックも、その範囲は限られている。

ブルースの戦い方はルール無用だった。数少ない実際の試合でも、彼は「制限なしの無条件」を主張した。彼はむしろ、理念のためにそう主張したのかもしれない。実際に試合が行われたとき、彼は相手を傷つけたり、重傷を負わせたりするようなことは決してしなかった（前述したように、彼がウォン・ジャックマンの目に指でジャブを打とうとしたとは思えない）。

重要なのは、ボクシングはブルースの截拳道《ジークンドー》よりも本質的に戦い方に制限があるということだ。そして、ボクサーは、確かに他分野の技を防御する訓練はできるが、格闘家としてキャリアを積んできた相手に対して、制限時間の中で対抗できることは限られている。一九七六年六月に日本で行われたモハメド・アリとアントニオ猪木の不謹慎な試合は、その一例だ。

試合は十五ラウンドに及び、ドローに終わった。猪木は終始仰向けで、アリをつまずかせたり蹴ったりしようとし、アリは彼の周りを回っていた。アリは試合中数発しかパンチを打たなかったようだが、猪木がほとんどの時間仰向けになっていたことを考えれば驚くことではない。しかし、この異様な試合は、片膝をマットについていればキックは許され、それ以外のレッグダイブ（相手の片脚を両手で掴んで倒す）やタックル、キックは禁止というルールがあらかじめ決められていた。それでも、アリはキックで足に血栓ができ、後に足を切断するところだったという話もある。決して良い例ではなかったが、この試合は現代の総合格闘技（ＭＭＡ）の先駆けであったかもしれない。この試合のルールが実施されるに至った経緯についてはさまざまな意見があるようだが、アリ陣営が重要視したに違いないことは想像に難くない。もしルールがなかったら、試合はどうなっていただろう。

同様に、ブルースとアリが対戦したらどうだっただろうか。ブルースはアリの試合の映像を見たり、アリのバレエのような動きを真似たりして、多くのことを学んだのは間違いない。しかし、アリもまたブルースから学んでいた。共通の友人であるジュン・リーがアリに「アキュパンチ」（ブルースがリーに伝授した、ブロックするのが困難な高速パンチの打ち方）を伝授したのだ。ジュン・リーによれば、アリは一九七五年のフレイジャーとの「スリラー・イン・マニラ戦」でこのパンチを使い、その後一九七六年五月の英・欧ヘビー級チャンピオン、リチャード・ダンとのノックダウン・ファイトでもこのパンチを使ったという。ジュン・リーは猪木との茶番劇試合のアリの側近の一員でもあった。

実際の格闘でもう一つの重要な要素は、格闘家の体調だ。全盛期に戦ったアリは、明らかに最高の体調だった。相手の攻撃を受けながら、常に動き続ける過酷な十五ラウンドを戦い抜くためには、そうでなければならなかった。ブルースが本格的に体調に取り組んだのはウォン・ジャックマンとの対戦が終わってからだが、他のことと同様、一度取り組んだら、どれにも本気で取り組んだ。これと関連して重要なのは、格闘家がどれだけパンチを受けることができるかということだ。アリがパンチを受けることができたのは、特にフレイジャーと戦った後だったが、これは周知の事実だ。ブルースの場合、子供の頃、ストリートファイトを経験していることから、彼はパンチを受けられると推測できる。これらの要素から判断すると、私は両者をほぼ互角と評価する（ただし、体格が大きいため、おそらくアリはより強いパンチを受けることができただろう）。

ジュン・リーによれば、ブルースはアリとの対戦を悲観していたようで、アリの手の大きさに比べて自分の手が小さいことを指摘している。しかし、ブルースは自画自賛するような性格ではなく、たとえ心の中では勝てる自信があったとしても、他人と自分の実力を比較するよう求められると、常にそつのない答えを返した。そしてブルースは、手の大きさが「制限なしの無条件」試合の決め手にはならないことを誰よりもよく知っていた。

もちろん、私たちに結果はわからない。たとえ二人がまだこの世にいたとしても、二人の遭遇は想像の中にとどめておくのがベストだろう。上記の理由から、ブルースなら自分の力を十二分に発揮できたと思う。しかし、結果がどうであれ、ブルースとアリが私たちに残した不朽の遺産が減じることは決してないだろう。私の中では、彼らは常に偉大な格闘家であり続けるだろう。

16章　受け継がれるもの

ブルースは生涯を通じて、自分の概念や技を進化させ、広めた。彼がそうすることができたのにはいくつかの理由がある。それは生まれつきの能力と気質だ。そして彼を取り巻く環境が、ブルースの視野を広げ、強固な土台と道を築いた。

ブルースが生まれつき持っていたと思われる天賦の才能は、人生の初期には目立たなかった。彼は病弱で、やせっぽちで、学校に入るとよくいじめられた。周りとのいさかいで、いつも身体に腫れやあざがあったはずだ。そんな貧弱な体つきの中にとてつもない潜在能力が隠されていることなど、誰も想像できなかった。しかし、彼の気質が、絶対的な限界まで訓練を重ね、並みの体格を途方もない身体にまで成長させた。

やせっぽちの子供でも、いじめられたらやり返す度胸があった。成長するにつれ、ブルースは自分を追い込んだ。柔道やボクシングの経験がある十歳以上も年上の男たちが、ブルースの魅力に引かれた。ブルースは自分の周りに他の武術家を集めるのが好きだった。そして、武術家たちと対戦して自分の肉体的能力を測り、自分が進化させた詠春拳の技を試した。これは後年、彼の武術家としての名声が高まるにつれても変わることはなかった。彼の映画では、武術の訓練を受けている俳優よりも、まず武術家を起用するようにしていた。

ブルースは何かに興味がなければ無頓着だが、興味があれば集中し、鍛錬した。偶然出合った技を取り入れるとき、彼の天賦の才能と、独自の方法による何時間もの練習により、すでに頑丈な幹に一体化した枝のように、継ぎ目なく技を生やした。彼は自分のレパートリーに新たな技を取り入れることをためらわなかった。天性の身体能力とそれを伸ばそうとする生来の意欲に加え、さらにそれを十分に伸ばすことができたのには、成長期の環境が影響した。

成長期のブルースには、香港の雑踏、ギャングやライバル関係、英国に支配された多数派の中国人の一人であることへの苛立ちが常にあった。さらに、混血の血を引いているという背景が刺激となっていた。加えて、詠春拳という実践的な結果に重きを置くグンフー学校が身近にあり、葉問《イップ・マン》はブルースを快く指導してくれた。しかし、おそらく最も重要なことは、彼がアメリカ市民としてサンフランシスコで生まれたことだろう。香港より広いアメリカという表舞台で、活躍する機会を得ることができたのだから。

もし彼が香港にとどまっていたら、詠春拳のトップ選手の一人に成長しただろう。しかし、アメリカに渡らなければ、多様な経歴と能力を持つ武術家たちに出会い、この世界の無限の可能性に触れ、武術家として、そして人間としての進化を遂げるきっかけを得ることはなかっただろう。それはすべて、両親が彼につけた名前、ジュン・ファン、つまり「サンフランシスコを揺るがす」という言葉に凝縮されている。

〓〓〓〓〓

ブルースにまつわる争いは、彼が死んでも終わることはなかった。実際、彼の死が引き起こした流れの一部は時が解決してくれたものの、いくつかの渦は今もなお波紋を広げている。ブルースの死後に始まった最初の大きな戦いは、生命保険の支払いを逃れようとした保険会社と遺族との戦いだった。彼の大麻使用は、保険会社が補償を拒否する手段となり、審問中に注目されたが、最終的に保険会社は保険金額の一部を支払うことで遺族と和解した。

一方、リンダにも遺産相続人にも、他にまとまった資金源はなかった。ブルースは亡くなったとき、現金も有形資産もほとんど持っていなかった。ゴールデン・ハーベストは、彼が製作した二本の映画の権利を所有していた。三作目の『ドラゴンへの道』の権利は、ブルースとレイモンド・チョウが折半出資する合弁会社コンコルド・プロダクションが所有していた。ブルースの四作目にして最後の作品となった『燃えよドラゴン』の権利は、ワーナー・ブラザースとコンコルドが共有していた。しかし、レイモンド・チョウはコンコルドの事業部門を支配しており、ブルースの取り分はわずかに支払われていただけだった。

元々、最初の三作は東南アジアやその他の限られた海外市場向けに製作されていた。『燃えよドラゴン』の成功で欧米にも門戸が開かれ、レイモンド・チョウはより多くの観客に向けて再上映するチャンスをつかんだ。しかし、そのわずかな収益の流れが奔流に成長するかどうか、そして、それがいつ実現するかは不透明だった。リンダにとって、レイモンド・チョウの本拠地である香港で、彼と長期にわたってもめるという見通しは、おそらく過酷な選択肢と思えたのだろう。結局、リンダはレイモンド・チョウと和解し、コンコルドのブルースの持分を売却した。こうして定額を受け取ったことで、彼女は映画から得られる利益の将来的な分け前を放棄した。当時は、藪の中の不確かな数字よりも、手にした鳥の方が価値があった。

さらに、ブルースの分け前を狙う税務当局の存在もあった。死亡時、ブルースは香港に居住しており、カリフォルニアの家を売却していたため、香港税務当局はリンダに相続税を請求した。自宅を売却していたが、ブルースはその後もおそらくカリフォルニア州に本籍があったので、カリフォルニア州にも請求権があった。ブルースは遺言書を残さずに死亡したため、法的には複雑だったが、リンダはカリフォルニア州に本籍があるという事実を確立したかった。結局、ブルースの遺産検認を完了させるために、リンダは七年間、太平洋を何度も往復した。

もしブルースの遺産が香港の法律で相続されれば、子供たちは二十一歳になったときに遺産の一部を受け取ることになる。リンダはそれを望まなかったので、ブルースがまだカリフォルニアに本籍があるという立場をとった。つまり、ブルースは死亡時にカリフォルニアの家を売却して香港に住んでいたが、常にカリフォルニアに戻って生活するつもりだったのだ。このことは後に、ブルース人の肖像権を無断で使用してさまざまな商品を販売していた詐欺に対し、相続人が差し止めを求めた際、重要な意味を持つことになった。カリフォルニア州法（カリフォルニア州民法第3344・1条）は、市民の肖像権を強力に保護している。

リンダは、ブルースの人気に便乗しようとする詐欺や熱狂的なファンにはほとんど手を出せなかった。ブルース・レ、ブルース・リ、ブルース・ライ、ブルース・タイなど、ブルースとのつながりを示唆するために名前を変えたそっくりさんを使って、香港のエクスプロイテーション映画の亜流が生まれた。

レイモンド・チョウとリンダの和解の糸口は、ブルースが『燃えよドラゴン』の方に全力を傾注してしまう前に、『死亡遊戯』のために撮影したわずかな映像を管理することだった。チョウは逆算してストーリーラインをつなぎ合わせ、二人のそっくりさんを雇い、ブルースが撮影した格闘シーンに至るすべてのシーンを撮影させた。主人公との外見の不一致を説明するために、筋書きには、整形手術を必要とする暗殺未遂も含まれていた。映画は、ブルースが登場する最後のシーンまで、精彩を欠いた寄せ集めだった。それでも一九七八年に公開されると、この映画は世界中で好評を博した。『ドラゴン怒りの鉄拳』や『燃えよドラゴン』のセットでスタントマンを務め、アクロバティックなアクションを得意とする格闘技スターとなったジャッキー・チェンのように、ブルースが生み出し、波に乗った正統派もいた。ブルースの突然の名声から恩恵を受けたのは、アジアの俳優たちだけではない。『ドラゴンへの道』でブルースの宿敵として登場したチャック・ノリスは、一九七五年にレイモンド・チョウ監督の『イエロー・フェイス・タイガー（Yellow-Faced Tiger）』に出演し、その後ノリスはハリウッドで長いキャリアを積んだ。同様に、ボブ・ウォールはブルースとのつながりを生かす機会が多くあることに気付き、それを利用した。

ブルースの遺産を処理するだけでなく、リンダは自分の人生と子供たちのことも考えなければならなかった。やがてリンダは大学に戻り、カリフォルニア大学ロングビーチ校で政治学の学位を取得した。その後、教員免許を取得し、しばらく幼稚園で教えた。

父親が亡くなったとき、まだ幼かった二人の子供（ブランドンの場合は八歳、シャノンの場合は四歳）を育て、父親の航跡をたどっていく過程で、子供たちがさまざまな葛藤を乗り越えていくのを手助けするのは、時に困難なことだったに違いない。リンダは、彼らが世界のアイコンの子供であることを軽視しようとしたが、ブランドンは父親の個性と才能の系統をはっきりと示しながら、独自の道を切り開いていった。悲劇的なことに、彼の前途有望なキャリアは、自身の映画『クロウ／飛翔伝説』

の撮影中に起きた悲惨な事故で途絶えてしまった。何らかの手違いで、プロップガンの内部に残留していた撮影用のダミーカートから外れた弾頭部分が発射され、それを腹部に受けたブランドンは死亡した。彼はまだ二十八歳で、他界した父親より四歳若かった。リンダにとって、このような残酷な運命のいたずらは計り知れない辛苦だったに違いない。

シャノンはチュレーン大学に進み、音楽の学位を取得して卒業した。しばらく歌手や俳優としてのキャリアを積んだ後、彼女は父の遺産を管理する仕事に就いた。彼女は父の経済的遺産を増やすことに成果を上げた。しかし、彼女の原動力は、父親の文化的遺産とイメージを守ることであることは、彼女に話を聞けば明らかだ。武術家としてだけでなく、より重要なのは、「自分の夢を追い求めるように」というブルース・リーのメッセージである。

格闘技界において、ブルースはもちろん大きなレガシーを残した。彼は世界中で詠春拳への興味を盛り上げ、彼の格闘技発展の基礎とした。彼の幼なじみであるホーキンス・チャンらがその伝統を受け継いでいる。しかし、ブルースの截拳道《ジークンドー》の糸は、もっとつかみどころがない。

彼は自分の格闘技哲学についてもう一冊本を書くつもりだったし、もっと長生きしていたら間違いなく書いていただろうが、残念ながら実現しなかった。『秘伝截拳道への道（Tao of Jeet Kune Do）』は彼の死後にまとめられたもので、彼の著作と思想の大要である。そのため、彼の挑戦の仕方や、彼がなし得たことそれを達成する方法について貴重な洞察を与えてくれる。しかし、完成された作品ではない。それ自体は失敗ではない。実際、ブルースなら、どんな規律も完成されたものという概念を否定し、むしろ、訓練の価値は成長し続ける能力にある、としただろう。

どのような訓練も、その実践者を通じて学んでこそ実を結ぶことができる。書物は手助けになり、インスピレーションを与えることさえできるが、生きた教師は、書物に比べて計り知れないほど優れており、不可欠だろう。良い教師を見つけ、その教師を育てることの難しさは、ブルースがグンフー学校網を発展させるという考えを断念した理由の一つだ。彼は、自分自身が主張しているように、指導の質を維持するためには、教師が重要であることを悟ったのだ。そのため、彼は三つの学校の師範代たちにも商業ベースで教えないように命じていた。

死後数年間、ターキーはシアトル校を地味に運営し続けた。当初はファースト・ヒルにある自分の店の地下室で、看板も広告も出さず、口コミと個人的な紹介だけで入会できるプライベート・クラブとして運営していた。店を売却してウッディンビルに移っても、そこで教室を続けていた。

オークランドのジェームズ・リーもしばらく同じように学校を運営していたが、ブルースはジェームズ・リーに先立たれた。ロサンゼルスでは、ダン・イノサントもブルースの死後長い間、ブルースが認めた方法で学校を運営していた。

ジェシー・グローバーなど、ブルースの教え子で自分の学校を開いた者は他にもいた。ブルースの死後も教え続けた弟子たちは、大方、ブルースが指導した方法で教えながら、自分自身の洞察力と才能を融合させようとしていた。彼らの誰もブルースの霊媒者となっていないし、ブルースもそれを望んでいなかっただろう。それぞれが個性を持ち、独自の術を持った人間だった。しかし、彼らから次の世代に技が継承されるとき、ブルースと彼のスタイルとのつながりはさらに希薄になる。

詠春拳のような型とは対照的に、截拳道《ジークンドー》のような流儀を教える場合、このような衰退は間違いなく避けられない。それは弱点と見ることもできるが、長所でもある。その長所とは、特定の規律が何であれ、正しい師を見つけ、自分の可能性を実現するために自分自身を掘り下げようとする強さだ。ブルースもそう思うだろう。

しかし、ブルースが遺した武術的な功績は、直接その系譜をたどることができる数少ない流派では測れない。ブルースは、自分の映画と自身で築いた格闘技の流儀を通して、格闘技全体を大衆化し、多くの人々が学ぶ格闘技の練習方法を変革した。

実際、ブルースに通用した技を学んだとしても、ブルースと同じことができる者はほとんどいない。彼ほどのスピードと反射神経を身につけなければ、技は同じ結果を生まないだろう。一例として、ブルースが黐手《チーサオ》を超えることができたのは、間合いを詰める速さがあったからで、相手が気付く寸前に、相手と接触せずに攻撃することができたからだ。ブルースと同じ能力がなければ、誰もが自分の強みを見つけ、それを積み重ねていかなければならない。彼のレガシーを測る真の尺度の一つは、死後約五十年経った今日でも、武術家たちが彼からインスピレーションを得ている度合いだ。

〓〓〓〓〓

ブルースの魅力の一つは、自分の体重以上のパンチを繰り出したことだ。ウェルター級でありながら、ヘビー級を身体的に圧倒し、文字通り体重以上のパンチを放った。そして、映画ビジネスにおいても自分の体重以上のパンチを放った。

映画ビジネスで使われる映画の標準的な指標は総収入だが、『燃えよドラゴン』の場合はそれを突き止めるのが難しい。映画のデータをまとめたオンライン・データベースには、この映画がまったく含まれていないか、不完全な数字しか含まれていない。ある情報源によれば、『燃えよドラゴン』の総収入は一九七三年で九千万ドル、そして現在までに全世界で推定三億五千万ドルとなっている。

しかし、興行収入は二つの点であまり意味がない。第一に、総収入はインフレ調整されていない。これは映画業界にとって好都合である。というのも、この数字は比較しやすく、スタジオはインフレ調整されたドルを使って、現在公開中の映画を「興行収入記録を塗り替えた」と宣伝することができるからだ。

第二に、調整された収入でさえ、映画の収益性については何も触れないので、必ずしも意味のある指標とはならない。映画の収益性を測定する一つの方法は、純収益と製作費をパーセンテージで比較した投資利益率（ROI）を見ることである。この指標を用いると、『燃えよドラゴン』は歴代トップクラスの成績を収めた映画となる。

『The Numbers』がまとめたROIによる最近の映画ランキングでは、『フェイシング・ザ・ジャイアンツ』が38,451%で一位、3,024%の『グリース』が十位となっている。『燃えよドラゴン』は、『The Numbers』が使用したデータベースには入っていなかったようで、少なくともその国際的な収益は含まれていなかった。というのも、『The Numbers』はコンコルドの売上高をおそらく入手できなかったからだろう。もし『燃えよドラゴン』が本当に全世界で三億五千万ドルの調整前総収益を上げたのであれば、八十五万ドルというわずかな製作費から計算すると、そのＲＯＩは18,429％にもなり、歴代トップ成績映画の第三位に入ることになる。

しかし、ブルースはそのような投資利益率で目標を設定したわけではないだろう。彼はもっと個人的な考え方で目標を設定する傾向があった。特に『燃えよドラゴン』は、スティーブ・マックイーンが当時手掛けていた映画を超えるという目標を掲げていた。実際、マックイーンの映画は同時期に二本公開され、一本は一九七二年末の『ゲッタウェイ』、もう一本は一九七三年末の『パピヨン』だった。『燃えよドラゴン』は、興行収入で両作品を上回り、さらに二作品の製作費が高いことを考えると、ＲＯＩの面でも目を見張るものがあった。

『フォーブス』誌の人気スターの収入ランキングによると、ブルースは二〇一三年にスティーブ・マックイーンに次いでトップ10に入り、二〇一四年にはスティーブ・マックイーンに並んでそれぞれ九百万ドルを稼いでいる。ブルースはそれ以降、フォーブスのトップ13には入っていないが、二〇一八年を含め、毎年ギリギリでランクインを逃している。

しかし、ブルースにとって商業的な成功よりも重要だったのは、彼の映画が芸術的にどう評価されるかだったに違いない。その点で、彼は非常に満足していただろう。『燃えよドラゴン』の公開時、ある評論家はブルースの「カリスマ的存在」を指摘した。他の演技についても好意的なコメントをした後、これは「ブルース・リーの映画」であり、彼の格闘シーンは「フレッド・アステアとジンジャー・ロジャースが、ジャンルの違うファンタジー映画で踊っていた時のように、映画を盛り上げていた」と語っている。

さらに最近では、別の評論家がこう書いている。「もちろん、ここでの本当の見せ場は明らかなスター、ブルース・リーだ。ジム・ケリーは有名な武道家であり、驚くほど優れた俳優であり、ジョン・サクソンは有名な俳優であり、驚くほど優れた武道家であったが、リーは両方の分野の達人であることを証明している」

映画批評家からの称賛は何年経っても衰えることはない。オンラインのFilms101が現在編集している一九七三年のベスト映画では、『燃えよドラゴン』はこの年に公開された映画の中で十四位にランクされ、三十位の『パピヨン』、四十一位のクリント・イーストウッドの『ハイ・プレインズ・ドリフター』を上回っている。

また、エンパイア誌による別の映画ランキング『世界映画ベスト100』では、英語以外の言語で製作された映画の中で『ドラゴンへの道』が九十五位にランクインし、「おそらくこの映画はブルースの最高傑作であろう」と述べている。そして「映画を特色付けている数々のシーン（特にラストのチャック・ノリスとの剣闘士ファイト）は、見事に振り付けられ、巧みに演出されているので、他のことはあまり重要ではない」としている。

このリストには、黒澤明監督の『七人の侍』、イングマール・ベルイマン監督の『第七の封印』、フェデリコ・フェリーニ監督の『ラ・ドルチェ・ヴィータ』、ロマン・ポランスキー監督の『水の中のナイフ』といった歴代の名作が含まれている。

格闘技映画のジャンルにおいて、ブルースの作品は常に上位にランクインしている。二〇一三年に発表された『燃えよドラゴン』は、『用心棒』、『マトリックス』、『グリーン・デスティニー』といった名作を抑え、歴代格闘技映画ベスト10にランクインした。二〇一七年に発表された別のリストでは、十五本のベスト格闘技映画中、『七人の侍』に次いで二位だった。『ドラゴン怒りの鉄拳』も同じリストで五位に入っている。ブルースの他の映画も、度々オールタイム・ベスト・マーシャルアーツ・ムービーのリストに入る。『燃えよドラゴン』は一九七三年以来、アメリカや世界各国で何度も再公開され、今日に至るまで、観客を魅了し続けている。

＝＝＝＝＝

ブルースの人気が世界的な現象となる前に、彼は若くしてこの世を去った。もし彼がまだこの世にいたら何をしていたか、そして今何をしているかを推測するのは必然だろう。きっと『死亡遊戯』を完成させ、『燃えよドラゴン』を凌ぐような傑作映画にしていただろう。また、いずれは格闘技以外のテーマにも演技や監督のレパートリーを広げていたに違いない。ブルースの予想によれば、グンフーの大流行はその後三年以上は続かなかっただろう。

ブルースが他のスポーツを始めたかどうかは、わからない。彼は自分がその道で卓越できると思わない限り、どんなスポーツも始めようとしなかった。一九七〇年、ロマン・ポランスキーに個人レッスンをするためにスイスに飛んだとき、彼は一時的にスキーに手を出したが、それはロサンゼルスや香港の住民が簡単に触れることのできるスポーツではなかった。リンダに、「ブルースがゴルフを始めたと思うか？」と尋ねると、彼女は笑って、「彼にとって、ゴルフはペースが遅すぎるでしょうね」と答えた。

彼の武術哲学を表現した、より完成度の高い作品を書くことになったのは、ほぼ間違いないだろう。なぜなら、彼のノートは『秘伝截拳道への道（Tao of Jeet Kune Do）』として出版され、広く人気を博し、何度も増刷されたからだ。綿密に完成された本は、おそらく彼が学んだ武蔵の『五輪書』に匹敵する傑作になっていただろう。

あと数十年の人生があれば、彼が成し遂げたかもしれないことは文字通り無限だっただろう。現実には、彼が生きた短い人生で、私たちに残したものしかないが、実はたくさんのものがある。

彼はハリウッドと西洋世界におけるアジア人男性の認識をたった一人で変えただけでなく、そうすることで西洋ではアクション映画という新しいジャンルを立ち上げ、東洋ではそのジャンルを一変させた。あまりに急速に世界の想像力を虜にしたため、実際の映画遺産の短さを忘れがちになる。

しかし、結局のところ、彼の最大の功績は、彼自身にとっても私たちにとっても個人的なものだった。おそらく私たちは皆、ダイヤモンドの原石、少なくとも炭素の原石なのだろう。生涯、磨かれないまま、あるいは部分的にしか磨かれない者もいる。カットされる過程で砕け散ってしまう者もいる。ブルースの最大の功績は、自分自身に多大なプレッシャーをかけ、自分の存在の原石である炭素を硬いダイヤモンドへと変化させたこと、そしてそのダイヤモンドを自ら大きくカットし、磨き上げ、見事な宝石にしたことだ。

そうすることで、彼は私たちに最大のレガシーを残し、地味な素材でも努力と意志の力で何ができるかを示してくれた。彼は私たちに道を示した。私たちにはそれぞれの道があり、自分自身で見つけなければならないということを。彼は私たち全員に月を指し示した。彼は私たちの何人かと一緒にそこまでの道のりの一部を一緒に歩き、私たちそれぞれを、その方向へと向かわせ、背中を押してくれた。残りの旅は私たち自身の責任だ。

謝辞

ブルースと彼の友情なくして、この物語は成り立たない。加えて、彼の家族、特に彼の父リー・ホイチュエン、母グレース、妹フィービー、弟ロバートには大変お世話になった。香港でのひと夏、彼らは両手を広げて私を歓迎し、快く受け入れてくれた。

ブルースがグンフーを教え始めたころからの仲間もまた、この物語の一部だ。シアトル時代からの友人で、ブルースの死後シアトルに戻った私を再び教室に迎え入れてくれたターキー・キムラには、心から感謝している。また、ブルースの最初の教え子であり、彼なりにブルースの「役に立つものを取り入れ、自分自身に忠実であれ」というメッセージを体現していた謙虚な男、ジェシー・グローバーと、ジェシーの親友であり、初期の教え子の一人でもあるルロイ・ガルシアにも感謝したい。彼は今もなお健在で、有益な洞察を分かち合ってくれた。

他の多くの人たちも、私の記述の不足を埋める手助けをしてくれた。リンダ・リー・キャドウェルは、親切にも何時間もかけて私の質問に辛抱強く答えてくれた。そして、何度も私の再確認のメールに対応してくれた。娘のシャノン・リーとブルース・リー財団のチームのメンバーであるシドニー・ウィルソン、ジェス・スコット、クリス・ストルティは、ブルースの日程表やその他の記録、写真（この本に掲載されている）を、私が使用できるように全力を尽くしてくれた。

何年もの間、デイビッド・タッドマンは私が持っていなかった写真を分けてくれた。そのうち何枚かがこの本に掲載されている。

弟のマイクと高校時代の友人であるランストン・チンは、シアトル時代のブルースについて、私のいくつかの視点を補って説明してくれた。ランストンのいとこで、ブルースを私に紹介してくれたジャッキー・ケイは、初期のブルースに関わる細かな出来事について、私の記憶を呼び覚ましてくれた。

ペリー・リーはブルース・リーにまつわる記念品の比類なきコレクターで、数十年前にターキーのシアトル校で一緒にトレーニングを受けた。彼は、他の方法では決して発見できなかったと思われる関連書籍や記事を惜しみなく提供してくれた。

私の娘カリと義理の息子ロブ・ワインシャイマーはともに医学博士で、このプロジェクトに多大に協力し、ブルースの死とその前に起こした転倒に関わる医学的情報や憶測を解析し、貴重な助言をしてくれた。

小森亮介は、私がブルースと過ごした時期の出来事を書き始めるにあたって、デジレター・ウェブサイトというプラットフォームを提供してくれた。また、チン・ミュージック・プレスのブルース・ラトリッジは、デジレターをどのように書籍化するかについて賢明なアドバイスをしてくれた。

榊原淳子は、日本語版を作るにあたり、私に出版芸術社を紹介してくれたうえ、所々理解しにくい私の文章を忠実に和訳し、膨大な時間を費やしてくれた。

最後に、妻の紀子に深く感謝しないわけにはいかない。長年にわたる彼女の粘り強さと優しい後押しがなければ、この本は生まれなかっただろう。

The Dragon and the Tiger, by Greglon Yimm Lee and Sid Campbell
（ドラゴンとタイガー）グレグロン・イム・リーとシド・キャンベル著

Bruce Lee: Disciples of the Dragon, digital version, interviews wIth Skip Ellsworth, Jesse Glover and Ed Hart
（ブルース・リー：ドラゴンの弟子たち）デジタル版、スキップ・エルズワース、ジェシー・グローバー、エド・ハートのインタビュー

Bruce Lee: Letters of the Dragon (The Original 1958-1973 Correspondence) edited by John Little
（ブルース・リー：ドラゴンの手紙）ジョン・リトル編

Bruce Lee: Fighting Spirit, by Bruce Thomas
（ブルース・リー：ファイティング・スピリット）ブルース・トーマス著

Bruce Lee: The Evolution of a Martial Artist, by Tommy Gong
（ブルース・リー：マーシャルアーティストの進化）トミー・ゴング著

Bruce Lee and I, by Jhoon Rhee
(ブルース・リーと私)ジョン・リー著

Bruce Lee: The Man Only I Knew, by Linda Lee
(ブルース・リー：私だけが知っている男)
リンダ・リー著

Tao of Jeet Kune Do, by Bruce Lee
『秘伝截拳道への道（1976年)』ブルース・リー著

参考文献

Lee Siu Loong: Memories of the Dragon, by Bruce's siblings and compiled by David Tadman
（リー・シウロン：ドラゴンの記憶）
ブルースの兄弟とデイビッド・タッドマン編

The Bruce Lee Story, by Linda Lee
（ブルース・リー・ストーリー）リンダ・リー著

Bruce Lee: A Life, by Matthew Polly
『ブルース・リー伝』マシュー・ポリー著

Bruce Lee: Words of the Dragon (Interviews and Conversations 1958-1973) edited by John Little（ブルース・リー：ワード・オブ・ドラゴン）ジョン・リトル編

Striking Distance: Bruce Lee and the Dawn of Martial Arts in America, by Charles Russo
（ブルース・リー：アメリカにおけるマーシャルアートの夜明け）
チャールズ・ルッソ著

Chinese Gung Fu: The Philosophical Art of Self-Defense, by Bruce Lee
（基本中国拳法：護身術の哲学）ブルース・リー著

Bruce Lee's Hong Kong Years, Inside Kung-Fu, November 1991, by Hawkins Cheung
『インサイド・カンフー』（1991年11月号の記事「ブルース・リーの香港時代」）
ホーキンス・チャン著

Bruce Lee, by Jesse Glover（ブルース・リー）
ジェシー・グローバー著

Number One: Reflections from Bruce Lee's First Student, Jesse Glover, by Paul Bax
（ナンバーワン：ブルース・リーの一番弟子、ジェシー・グローバーの回想）
ポール・バックス著

著者紹介

ダグ・パーマー
Doug Palmer

ダグ・パーマーはシアトルで育ち、そこでブルース・リーに出会い、ブルースにグンフーを学んだ。イェール大学在学中、夏休みにブルースと共に香港の彼の実家に滞在したことは、かけがえのない貴重な経験となった。イェール大学で中国学を専攻した後、ハーバード大学法科大学院で法律の学位を取得。その後、東京の法律事務所で四年半働き、シアトルに戻り、数十年、弁護士を務める。現在はリタイア生活を夫人と謳歌している。

素顔のブルース・リー

師匠、友、そして兄、ブルースと過ごした日々

(BRUCE LEE: *SIFU*, FRIEND AND BIG BROTHER)

2024年4月9日　第1刷発行

著者　ダグ・パーマー
翻訳　榊原淳子
デザイン　冨島幸子
発行人　吉川廣道
発行所　株式会社出版芸術社
〒102-0073 東京都千代田区九段北1-15-15
03-3263-0017
www.spng.jp
印刷・製本　中央精版印刷株式会社

ISBN978-4-88293-556-8
printed in Japan